任性的孩子怎么教

杨红梅◎著

重庆大学出版社

内容介绍

孩子为什么就爱在人多的地方任性，不听话？我们对待任性的孩子真的就束手无策了吗？而更重要的是，久而久之，习惯任性的孩子很难与人相处，无法与人合作，这将形成孩子一辈子的性格缺陷。本书作者通过典型的家教案例，结合实际，总结出对付任性孩子的最牛招数，给还在受"任性"折磨的孩子、父母提供一些行之有效的办法。希望本书能给父母们一定的启发，那就达到了本书写作与出版的初衷。

图书在版编目(CIP)数据

任性的孩子怎么教 / 杨红梅著. —重庆：重庆大学出版社，2012.10

ISBN 978-7-5624-6934-6

Ⅰ.①任… Ⅱ.①杨… Ⅲ.①儿童教育—家庭教育 Ⅳ.①G78

中国版本图书馆 CIP 数据核字(2012)第 181829 号

Renxing de Haizi Zenme Jiao

任性的孩子怎么教

杨红梅 著

策划编辑：余筱瑶

责任编辑：杨 敬 刘春霞 版式设计：余筱瑶

责任校对：谢 芳 责任印制：赵 晟

*

重庆大学出版社出版发行

出版人：邓晓益

社址：重庆市沙坪坝区大学城西路 21 号

邮编：401331

电话：(023) 88617183 88617185(中小学)

传真：(023) 88617186 88617166

网址：http://www.cqup.com.cn

邮箱：fxk@cqup.com.cn (营销中心)

全国新华书店经销

重庆东南印务有限责任公司印刷

*

开本：890×1240 1/32 印张：7 字数：182 千

2012 年 10 月第 1 版 2012 年 10 月第 1 次印刷

ISBN 978-7-5624-6934-6 定价：20.00 元

前言

任性的孩子是痛苦的

“怎么可能？他们又哭又闹，把我们气得够呛，他们还痛苦吗？”很多家长看到题目都会这样愤愤地说吧！可是，当父母的可能对孩子的任性只是生一时之气，而对于孩子来说，他的任性性格一旦形成，那么对他来说就是痛苦一生。

邻居家的女儿秀秀出生在一个富裕的家庭。因为是独生女，她从小受到父亲、母亲的溺爱，被视若掌上明珠，当然，她想要什么就可以得到什么。这样一个优越环境中的宠儿，一切都该是一帆风顺的。然而，她从小任性、孤僻，在同龄人中没有伙伴……上高中时，她竟然到商店里偷东西，后来，又混入了流氓团伙，从而走向堕落。她的父母实在难以理解这个事实：一个什么也不缺少的孩子为什么会去偷窃，走向犯罪的道路呢？

秀秀的堕落，始终都不能阳光地生活着，她这痛苦的一生却是源于父母的百依百顺给她养成的任性性格。她一切以自我为中心，不守纪律，不受约束，想干啥就干啥，进而变得心胸狭隘、性格孤僻、目中无人。而更为重要的是，孩子养成任性的习惯后，就会在任何场所、对任何人要求“以自我为中心”。然而，周围的一切不都是为满足他们的种种需要和要求而存在的，周围的人也不能完全听从他们的“支配”和“调遣”，他们不可能随心所欲。因此，任性的孩子在日常生活中会经常碰钉子，受打击，遭挫折。他们事事都不顺心，觉得好像人人都有意跟他们过不去，感到非常痛苦，对他们的身心都会产生不良的影响。而他们又不能主动、自觉地对自己的心理状态进行调整，总是与周围的人和事处于一种对峙状态，时间长了，就很可能酿成心理的疾病，如忧郁、偏执、狂躁等。

这样的人走上工作岗位同样会不讲原则，不守规矩，胡乱作为，违法违纪；没有大局意识，缺乏科学态度，易犯主观盲动错误；同事之间也因不能沟通，在工作上不能与他人协调，甚至玩世不恭，对事业、对家庭、对社会不负责任。这样的任性，不仅影响到个人的进步与发展，而且有的很难立足于世，在感情上、社交中成为孤家寡人。

就像媒体报道的大学生马晓明因被劝退学就杀死父亲和奶奶、清华大学学生“伤熊”等这些看来不可思议的低级犯罪的事例，都在说明任性的孩子在为自己“为所欲为”的行为承担着法律的责任。

法国教育家卢梭在《爱弥儿》一书中，对已为父母的人说过：“你知道不知道用什么办法准能使你的孩子得到痛苦吗？这个方法就是：百依百顺。因为有种种满足他欲望的便利条件，所以他的欲望将无止境地增加。结果，使你迟早有一天不能不因为无能为力而表示拒绝。但是，由于他平素没有受到过你的拒绝，突然碰了这个钉子，将比得不到他所希望的东西还感到痛苦。”

看到这，父母们是不是感到事态的严重性了呢？还会觉得任性是孩子的个性吗？还会轻视自己孩子的任性行为吗？可是，又有家长提出问题了：“任性这么可怕，可是对一个小孩子能怎么办呢？”是的，这个问题同样困扰过我。

那是女儿三岁的时候，我发现这个阶段是孩子个性塑造的最佳时期。女儿最喜欢吃糖，每次去超市都要求买糖果。谁都知道多吃糖对小孩子来说是大忌，可是这个道理跟女儿讲了几遍，她都不会记得，到超市拿了糖就走，任凭我怎么说都不听。有一次在超市，女儿照例拿着糖袋不放，我把糖放回去，她又拿出来，就这样反复几次，我生气了，把糖再次放回到货架上，并瞪着眼严厉地说："说多少次了，吃糖对牙不好，你想长出小黑牙吗？"女儿一听，立马哇哇大哭起来，超市老板笑着说："就给她买一次吧！"女儿一看有人替自己说话了，就更大声地哭了。我一看这小家伙也懂得有人助威啊，我说："不行。"并想抱起女儿就走。哪知女儿也来劲了，竟然在地上打起了滚，我用了很大的力气，硬是把她抱出超市，因为又气又累，弄得满脸通红。而小家伙呢，见我们已经出了超市，不哭也不闹了，还一个劲地喊："妈妈，妈妈！"她是知道我生气了，害怕回家受罚。

从这件事后，我就反思，原来这小家伙在超市耍脾气就是在做样子，她什么道理都懂的。而更让我惊喜的是，以后，我们再去超市，女儿手里拿着糖也要先看看我，我摇摇头，她会商量着说要吃糖，但再也不用哭闹来对抗。因为，她也清楚地知道，她的哭闹对我来说是无用的。

但是，如果女儿的奶奶看管她时，结果就不是这样了。每次去超市，准能买回糖果来。我跟奶奶说："哭也不买。"奶奶苦笑说："那多可怜。再说，人家该想奶奶不舍得给孙女买糖。"

看看吧！小小年龄，就会"看人下菜碟"。所以说，任性的孩子还是有法可治的。那么，家长们，不要再因为你的爱护和娇惯而毁了孩子的一生，共同来应对孩子的任性吧！

---

* 为了避免重复，本书将交替使用"他"和"她"来指代孩子。

目录

第一堂课　孩子养成任性过度的性格，将会影响他们的一生

这并不是在夸大其词或是危言耸听。别把小孩子的任性当作是他与众不同、独特的个性，任性是一种不健康的性格，长期发展下去，会给孩子带来严重的心理创伤。

第二堂课　孩子任性不能推卸责任，你掌握着孩子性格成长的方向盘

人之初，性本善。孩子从出生那一刻起，作为父母就成了孩子一辈子的老师。孩子的性格将是怎样的？这里有遗传几率，而更重要的是环境和后天的培养。所以，父母们，你握着孩子成长的方向盘啊！

第三堂课　孩子任性萌发期不能听之任之,善用妙方应对他的任性

任性是每个孩子情感发育的必经阶段,在任性的萌发时期,家长不能任其随意发展,当任性成为一种习惯,那改起来就困难了。因此,善用妙方化解孩子的任性,培养孩子的良好性格。

第四堂课　孩子养成任性习惯不是无药可救,改变性格需要时间和你的信任

孩子的任性习惯已经养成,家长不必叹气烦恼。从现在开始,把改掉孩子任性当作一件大事来做,一段时间过后,必定会有明显的效果。但这一过程需要家长有十足的耐心,并且坚信自己的孩子一定能行。

第五堂课　孩子的某些行为表面看是任性，可其中却隐含着许多秘密

孩子不听爸妈的话，家长就把孩子的行为归咎为任性，这样简单粗暴的教育方式是大错特错的。我们不能把所谓的“任性”行为全盘否定，其实，孩子的有些行为并不是任性，作为家长你可要看清楚啊！

第六堂课　孩子任性可以适当被“鼓励”，处理得当坏事变好事

孩子的某些“任性”我们还要鼓励。这话听起来是不是与本书内容有点自相矛盾？其实不然，因为在我们的生活中，也有因一时的任性反而能够成功的事例。所以说，对孩子的任性有效地“利用”，真能把坏事变好事呢！

第一堂课

孩子养成任性过度的性格，将会影响他们的一生

课前导入

本堂课的内容是围绕着孩子任性的危害展开。“现在的孩子太任性了。”这是很多家长最大的感慨。可家长们感慨归感慨，却很少有家长会把孩子任性看成是现代家长面临的一个重大教育难题。家长们会认为任性是孩子耍耍小脾气，他们长大自然就会好的。但是，事实真如我们所愿吗？孩子任性性格一旦形成，甚至是发展成为一种习惯，那他们可怎么也不会自然而然地改正过来了。所以，请家长朋友们从现在就开始严肃认真地看待孩子的任性吧！任性的坏习惯将会影响一个人终生的幸福啊！

1. 任性不是孩子有个性

首先要给大家区分两个概念,那就是什么是任性,什么又是个性?

任性是指孩子对自己的想法和行为表现为坚持、不容置疑,但孩子所坚持的不是合理的观点和行为,甚至是无理取闹。而孩子有个性,一般是指孩子有主见,在碰到问题时,能坚持自己的正确观点与合理行为,不违心屈从,不随风摇摆。个性表现的方面很多,善良、勇敢、诚实、守信等。

也许从概念上你能看出这两个词有很大的不同,但是哪类属于孩子任性,哪类又属于孩子的个性呢?下面举两个事例,大家来区分一下:

事例一:小辉辉是个非常有意思的男孩,他只有6岁。父母也不知道他从什么时候开始,喜欢上了看新闻联播,而且特别喜欢听国歌。如果某天早上小辉辉不起床,只要妈妈说:“新闻频道的早间新闻开始了。”小家伙定会一骨碌爬起来,老老实实打开电视看新闻。你说小孩子能看懂吗?当然看不懂。可是他就是能坐在小板凳上认认真真地看完。

事例二:玲玲也喜欢看电视,她什么都喜欢看,而且她想看到几点就看到几点。如果妈妈因伤害孩子眼睛为由不让玲玲看电视,玲玲就会用大哭大闹来“威胁”妈妈,有时,玲玲还在地上打滚。往往都是妈妈被玲玲“打败”,取得胜利的玲玲对看电视更加没有节制了。

这两个孩子的事例都与看电视有关,但小辉辉喜欢看新闻联播,他与别的孩子喜欢看动画片的爱好不同,这就是小辉辉很有个性;而玲玲更喜欢看电视,她只要喜欢就可以看很长时间,妈妈一旦阻止她,她就会用无理取闹的方法达到目的,那这种行为就是任性了。

虽然个性和任性只一字之差,但对孩子的影响却相差十万八千里。固然,现代及未来社会更需要的是有个性、敢于创造的人才,而非只会随波逐流、人云亦云之士。而就是因为很多家长也非常清楚这一点,所以都希望自己的孩子也是与众不同、特立独行的人。

是的,在孩子身上表现出来好的、积极的个性,需要我们保护并让其发扬光大。可重点是你要分清楚孩子的一些行为表现是需要支持的个性,还是要你引导和纠正的任性。而若本是孩子任性的不良习惯,你却觉得孩子做得对,大力支持他,那岂不是与我们要培养出与众不同的人才的想法南辕北辙了吗？那这种错误方式的教育结果必定会给孩子的人生带来些灰色的影响。

6 岁的男孩大勇,人如其名,胆子大,勇于挑战,这一个性值得家长发扬。可是,有时候大勇也会“勇敢”地任性。大勇最不喜欢在幼儿园睡觉,可是迫于老师的压力,大勇只得无奈地硬躺在床上假装睡觉。有一次,老师觉得孩子们都睡着了,就出去倒点水喝。就这工夫,大勇抓住时机,迅速地跑出房间,溜到了玩具室。老师回来发现大勇不见了,大为惊慌,四处找寻大勇。玩具室里的大勇听到老师在找他,他不想让老师这么轻松地找到自己,觉得就像在玩打仗的游戏、躲避敌人的搜捕似的,悄悄地藏在了玩具箱子里。老师没找到大勇,急忙告诉园长并打电话给大勇家长。用了一个多小时,大家才在玩具箱子里找到大勇,可这时“士兵”大勇已经睡着了。

大家通过这个事件会发现,好的个性也需要一个“度”,否则就会让孩子发展成了“任性”。男孩大勇胆子大,一定是个天不怕地不怕的调皮小子。这种个性的人敢说敢做,勇敢打拼,可以在自己未来的人生里拼出一片天空。可是,大勇却把胆大用在了挑战幼儿园的纪律上。小时候就可以闹得整个幼儿园天翻地覆,那么长大了也可能干出违法乱纪的事了。现在的犯罪事件屡屡发生,很多原因不就是因为罪犯胆子太大,一意孤行地任性,不把法律法规放在心上吗？

所以说，到底是孩子的任性还是个性表现，家长们可要看清楚啊！一个需要纠正，一个需要保持，如果家长把该纠正的任性却朝着保持、发展的方向去要求孩子，那么家长是不是在教育上犯了很大的错误呢？

身边的故事 1-1

王小樱长得漂亮，聪明活泼，是个人见人爱的孩子。她从小多才多艺，老师、家长们都喜欢得不得了。慢慢长大的王小樱在学校里越来越出类拔萃，家长宠爱着她、老师让着她、学生们更是喜欢她，渐渐地王小樱眼里放不下任何人了。

六年级时，王小樱班转来一个女孩叫小彩。小彩话不多，但常常语出惊人，学习、体育、文艺样样都好，虽然小彩的表现赶不上王小樱，但是小彩没有王小樱那么骄傲，她的到来很快就成为了班级的另一道风景线，博得了同学们同样的青睐。此情此景，王小樱看在眼里，心里老大地不服气。

她更加勤奋地努力学习，并在日记中写道：一定不要被任何人赶超。王小樱的妈妈看到这句话，欣慰地跟爸爸说："看咱女儿多有个性，不落在别人后头。"但是，妈妈只看到了王小樱倔犟的个性，却没有发现王小樱的任性。

从那以后，王小樱努力的目标就是把小彩甩到后面。她任性地认为，小彩受欢迎的原因是她太能说会道了。然后，小樱找了个机会，把小彩带到偏僻的小胡同里打了她两个嘴巴子。

这件事小彩告诉了老师，老师告诉了家长。而此时此刻，小樱妈仍旧没有看到女儿的任性，她说："小樱，你想压过小彩可以，但不能使用暴力。你这样的个性在社会上是吃不开的。"

距毕业考试只有三个月了，小樱仍旧把心思放到打压小彩身上。她为了让自己看起来更有个性，穿鲜艳的服装，留着长发。上课时，如果小彩回答问题，小樱就在座位上呵呵笑，有时候还和老师顶嘴。

小樱用这种方式重新夺回了同学们关注的目光，她回家欢呼胜利了。妈妈乐呵呵地说："好样的，就要有这股子干劲，绝不落在别人后头。"

可是，有些行为养成时不知不觉，一旦形成了习惯想改可就难了。小樱习惯了上课把注意力集中在小彩身上，她已经没有精力去听课了。在毕业考试前，小彩回到父母所在的城市去考试，临走时她跟小樱说："小樱，他们都说你很有个性，不服输。可是，我觉得这种个性会害了你。"此时的小樱是胜利者的样子，她不屑地看看小彩说："谢谢你的提醒，我相信不服输才会胜利。"

幸运的是，小樱仍旧考入了市里的重点中学。可是，人外有人，天外有天。在市重点中学，佼佼者更是比比皆是，小樱的才能简直是小巫见大巫。而她不服输的个性怎么能够容忍她落在别人之后呢？她就想赶超别人，不论是在学习上还是在着装上，只要能超过别人就行。

可想而知，小樱这种不服输的个性让她堕落了。后来，她以逃学、与学生打架而被开除的方式成为了学校的"名人"。

这时候的小樱妈才追悔莫及："我以为孩子有个性就要让她保持住，哪知最后她会发展为一意孤行啊！"可是，小樱的学业已被中断，她的未来又会怎样，谁也不敢保证了。

2. 任性的孩子快乐少

在大家看来，喜欢任性的孩子事事以自我为中心，常常是蛮横不讲理的样子，他们以一种不达目的誓不罢休的气势来对待周边的人，他们还不快乐吗？

是的，喜欢任性的孩子并不快乐。因为，在这类孩子的成长过程中，并不是所有的人都会对其忍让；在他所处的社会环境中，并不是什么事都可以由着性子来。

而当孩子的任性与这些“不可能”的情况相碰撞时，孩子的思维习惯是一味地要求他人顺从，而他人却对其置之不理，那么孩子的情绪和心理就会陷入不可自拔的泥潭中。这个时候，他们当然无法快乐起来，他们会觉得不顺从其意愿的人都是在跟他作对，看他不顺眼，从而产生消极的坏情绪。

其实，只要大家留心观察身边那些特别任性的孩子，我们会发现他们常常是撅着嘴，总是一脸不高兴的样子。即使孩子的家长处处对他的任性顺从，可是他们达到目的后，因是轻易就得到的“胜利”，并不懂得珍惜，因此快乐也是短暂的。

那天，同事把她的孩子小灵送到我家来玩，女儿非常欢迎，她很喜欢与小伙伴一起玩。我和同事说：“你放心办事吧，小灵一定会玩得快快乐乐的！”

我和女儿把家里好玩的玩具都搬出来，我又给小灵准备了零食，便让她们在屋子里玩，自己在客厅看电视。可只过了一会儿，小灵就撅着嘴来找我：“阿姨，姐姐不给我娃娃。”我大声喊：“宝宝，要照顾好妹妹呀！”女儿只好说：“给你，给你。”小灵高兴地跑了回去。

但是过了一阵子，小灵又跑过来委屈地说：“阿姨，姐姐不让我玩积木。”我有点不高兴了，走到屋子里问女儿：“宝宝，小妹妹是我们家的客人，你应该陪她快快乐乐地玩，干吗总惹她不高兴啊？”女儿似乎也很委屈，她说：“我玩什么她就要玩什么，把我玩的东西给她，她还不要。我陪不了她，你陪她玩吧！”女儿撂挑子不干了，我只好忍痛关掉电视，陪小灵。

我说：“小灵，阿姨陪你玩吧！玩什么呢？”小灵说：“咱俩玩拼图吧！你玩大的，我玩小的。”我和小灵一起摆拼图，可是我摆得比小灵快，小灵趁我不注意，就把我摆的拼图弄乱，说：“你慢点，不许比我快。”我一看，这孩子是够霸道的。我只好慢慢摆，可是小灵还是不如我快，她一下掀翻拼图大哭起来，说：“阿姨欺负人，找妈妈打你。”她的反应也太快了吧，这怎么说哭就哭了呢？

我只好动用所有能力去哄小灵开心，可是却很困难。我急得满头大汗，女儿在旁边叹口气说："哼，对别人家的孩子怎么这么好呢？"我悄声说："我不是保证让小灵快乐吗？你瞅瞅，这哪叫快乐啊？"女儿撇撇嘴说："就她那玩法，谁也没法快乐。"我立马以崇拜的眼神看着女儿，小小年纪还会总结呢！

小灵最终还是哭着离开我家，我很不好意思，同事却说："给你添麻烦了，这孩子我也没办法。"看来，同事还是了解自己的孩子啊！

小灵在我家只待了一个小时，一直没见她玩得高兴过。一会儿因没得到玩具苦恼，一会儿又因我摆拼图的速度比她快而大哭，我和女儿事事都顺着她，可她照样不快乐。正如女儿说的，怎么玩她都不快乐，在小灵心中没有种下快乐的种子。

我们会发现，快乐的孩子特别容易满足，即使是简单的玩具，他们也能玩出快乐；快乐的孩子很容易与人相处，他们在同伴中找到乐趣；快乐的孩子懂得忍让，他们不会去为某事较劲而失去快乐。

而喜欢任性的孩子却与此大大相反，他们不容易满足，欲望要求特别多；他们霸道，不会与人相处……可想而知，他们只活在自己狭隘的世界里，只会与快乐渐行渐远。

卢梭说："有的孩子竟想叫人一下子把房子推倒，竟要人把钟楼上的风标拿下来给他们，竟要人拦住正在行进中的军队，好让他们多听一会儿行军鼓声……他们偏要那些不可能得到的东西，从而处处遇到抵触、障碍、困难和痛苦。他们成天啼哭，成天不服管教，成天发脾气，日子就是在哭泣和牢骚中度过的，像这样的人是很幸福的吗？"

身边的故事 1-2

鹏飞总觉得自己是个不幸的人，今天他又挨了领导的批评。原因很简单，就是因为鹏飞没有按照领导的意图制作文稿，可鹏飞觉得自己的设计恰到好处，且很有创意，哪像领导的设计那么老土。鹏飞在酒吧喝得酩酊大醉,恨他没有遇到伯乐。

回到家,老婆还没回来,一定又去打麻将了,鹏飞又是一阵哀愁。老婆人不错,就是喜欢打麻将。可这一个毛病就够呛,打上麻将,不管孩子不管家。儿子小赵赵10岁,读三年级,学习成绩还算不错,这算是给鹏飞些安慰吧!

儿子小赵赵生活在爷爷奶奶家,此刻的鹏飞特别想念儿子。他拿起电话,给儿子打电话。可儿子接通电话却呜呜哭起来,鹏飞心中一紧,问儿子怎么了,那边也不回答。奶奶接过电话说:"你儿子可真矫情,晚上要吃西红柿炒鸡蛋,我做完了,他又要吃红烧鱼。你说大晚上的,我上哪儿去给他弄鱼做。你爸答应小赵赵去饭店订盘红烧鱼,可这孩子不同意,非要吃我做的。你说,他这不是成心为难我们吗?鹏飞,我可管不了你儿子,赶快领回家去。"鹏飞只好说软话:"妈,别生气了,我现在就带盘红烧鱼过去,正好我也没吃饭。"

鹏飞吐着酒气,拎着菜来到爸妈家,儿子还在那抹眼泪呢!鹏飞举着红烧鱼说:"儿子,不要哭了,我们一起吃。"儿子瞅了一眼爸爸问:"妈妈呢,她怎么没来?我想她了,让她来。""你妈妈今晚加班,明天让她去接你放学。"鹏飞撒谎说道。

吃过饭,奶奶还是没消气,她说:"你们把孩子扔这儿,让他折磨我们,你们可倒好,一个整天喝酒,一个整天打麻将。小赵赵这么任性,就是有个没正事的爸妈。"鹏飞这天够悲惨的了,他可不想再受妈妈的唠叨,他一头倒在床上装睡觉,妈妈只好出去了。

鹏飞躺在床上怎么能入睡呢?他怨恨为什么自己生活得这么不如意呢?昨天他遇到小学同学,那同学现在靠种地为生,过了农忙季节就在镇上开出租车,收入不多,也算是笔外财。鹏飞觉得同学比自己老十来岁,手也很粗糙,但是他们聊天的时候却显得很高兴。难道是自己要求太高,才会不快乐吗?鹏飞自问自答,可是他也是不求大富大贵之人,但是整天不快乐的原因是什么呢?那一夜,鹏飞纠结在这个问题上,凌晨时分才迷迷糊糊睡着。

第二天，鹏飞被儿子大吵大叫的声音吵醒，他很生气，这一大早就不让人心情舒畅。原来是儿子想穿风衣，可是今天这大热天非捂出痱子不可。鹏飞也不同意儿子的做法，儿子就开始耍脾气，还在地上打滚。奶奶在旁边说："你儿子就这样任性，和你小时候一样，一天到晚就是哭，没见他笑过，看来是我教育的方式不对。唉！"

鹏飞看着儿子的样子，一下子想到了什么。他突然想明白了自己不快乐的原因。就拿昨天的设计案来说，鹏飞执拗地认为自己设计的比领导好，可却没有和领导的进行客观的比较，到底是谁的更实用一些；老婆打麻将，不顾家，可是他也常在外喝酒，连个电话也不打。而这一切都源于自己做事都是以自我为中心啊！这不也是任性的一种表现吗？就像此时的小赵赵，他就是要穿风衣，达不到自己的要求就耍脾气，从昨天到现在，儿子哪感受过快乐啊！

想明白这些，鹏飞感觉豁然开朗，他从地上抱起儿子，转了个圈说："儿子，别哭了，让我们俩快快乐乐起来。"儿子被爸爸弄得痒痒的，咯咯笑起来……

3. 任性的孩子缺少建立人脉的能力

比尔·盖茨说："一个人永远不要靠自己一个人花 100% 的力量，而要靠 100 个人花每个人 1% 的力量。"而曾任美国总统的老布什在给他的儿女信件中也同样让儿女们记住："将来无论你们从事什么工作，都必须得团结周围的人，争取获得他们的支持，只有如此，你做起事来才能够得心顺手。"老布什的家训给儿子小布什很深刻的教育意义，学习成绩并不理想的小布什就是凭借着自己的人脉关系走上了美国总统之路。

由此可见，人脉不是金钱，但它却是一种无形之中的资产，是一笔潜在的巨大财富。而在社会中，若是没有丰富的人脉关系，我们将举步维艰。

而如何才能有这样一张结实、实用的网，却是需要每个人亲自去建立和经营的。若是想拥有这么一张人脉网，有任性性格的人就会遇到交往障碍了。为什么这样说呢？先来看一个事例：

在小区的游乐园里，一大帮孩子在快乐地玩游戏。你只要耐心观察，很快就可以看出什么样的孩子能够在短时间内结交到朋友。

那天，在这一帮孩子中有个叫刘俊的男孩，他 7 岁，在我家楼下住。这孩子平时就很懂礼貌，性格温和，在和小朋友们一起玩时，刘俊喜欢出谋划策，而且敢做敢当，他很快就把七八个男孩聚到一起“玩抓人”的游戏。可其中有个男孩却总是跟大伙唱反调，刘俊几个男孩商量抓人的路线是绕着花坛跑，而这个男孩偏要大伙听他的，绕着游乐器材跑。可是大多数男孩支持刘俊的想法，这个男孩很不高兴，趁刘俊不注意狠狠地推了他一下。刘俊一屁股坐在地上，那个男孩还气鼓鼓地说：“凭什么要听你的？我说怎么玩就怎么玩！”孩子间发生的这一情景并没有引起成年人的注意，而我站在远处静观其变，以为刘俊会大哭，或是妥协。但他从地上爬起来，一挥手招呼其他小朋友去花坛那边“玩抓人”去了，扔下这个男孩独自在那儿生气。结果，反而是这个男孩控制不住了，哇哇大哭着去找妈妈，还说：“刘俊欺负我，我不跟他玩了。”这男孩的妈妈我不认识，她说：“好，不跟他玩了，咱自己玩。”男孩自己到一边玩去了，可他仍旧时不时地看向刘俊热闹的那边，羡慕之情溢于言表。

从那以后，这个男孩很少再和刘俊那帮孩子在一起玩。有次，他想加入刘俊的游戏，但是被其中一个男孩挡住说：“你那么想当老大，去找别人吧！”

我不认识这个男孩，但我知道这孩子很霸道，这样的性格养成离不开父母的宠惯，可是男孩想把这种霸道延续到家庭以外的人，就很难有人再顺从了。我敢断言，如果这男孩不改变他的任性，他在成长道路上一定会遇到一系列的问题。因为社会是由人组成的，生活在人群中，却总是与他人格格不入，不能融入其中，这样的人会孤立无援、被人遗弃。

其实，我们可以回想一下在自己的同事中，是不是有一些人缘不好，不太受欢迎的人，他们的性格总是很任性呢！他们做事常常以自我为中心，刚愎自用、好钻牛角尖，很难与人和睦相处。甚至有的人为了达到自己的目的，一意孤行，耍心机，无视同事、朋友之情意。这样的人不受欢迎，那么他的朋友必然会少一些，而且因为他行事和对人都很任性，不考虑大局，那他请求帮助的事，其他人也不会尽自己的全力去帮助他了。

可能有家长会认为我一直讲的是有关大人的事，孩子还小，他们不需要建立什么所谓的人脉。是的，小孩子不需要建立人脉，但他们要学会如何与人和睦相处，如何掌握交际艺术，这项技能才是孩子成长过程中一步一步建立人脉网的关键。

总而言之，任性不利于孩子进行和谐、健康的人际交往，也就不能建立一张比金钱更重要的人脉网，那么，家长们明白了这个因果关系，还会对孩子小时候所表现出来的任性行为不以为然吗？俗语说：习惯成自然。当孩子任性的行为一旦养成且不能改变，那么家长对孩子小时候任性的无视，就会成为孩子一生的负担。

身边的故事 1-3

记得是 2004 年，朋友的孩子要就读于我所在的高中，让我帮忙给孩子选个理科班主任，于是，我给孩子选了位数学班主任，希望孩子能加强对数学的学习。受朋友之托，这孩子在校的表现由我监督。第一次期中考试，我去孩子班主任那儿看成绩单。班主任指指成绩单说：“小军这孩子成绩还行，脑袋也挺聪明，就是不太合群。”我拿走成绩单就给朋友打电话，把班主任反映的情况跟朋友说，朋友说：“小军脾气倔强，在家里我们都得听他的，还指望着在集体环境中磨炼磨炼他呢！看来，他那性格还真难改。”听朋友的口气，他也无能为力。

转眼到了元旦，我邀请小军到家里吃饺子。小军很懂礼节，还带了水果，我做饭时，他陪我女儿玩。吃完饭已经是晚上8点多了，我和老公都让小军晚上在我家住，第二天早上再回学校。再说，我家有空房间，中秋节时他在这儿住得挺舒服的。女儿也拉着小军的手说没和他玩够。可是，小军说什么也不同意，他一定要回学校，任凭我们怎么劝，他就是要回学校。这个时候，公交车已经停运了，一个孩子自己回去我们又不放心啊！当我们说出这个理由后，小军提出让叔叔送他。既然话都说到这份上，老公只好打车把孩子送到学校，他回来时已经快10点了。女儿已经睡着了，老公小声说：“小军这孩子怎么这么拧巴呢！到学校时，校门已经关了，费好大劲才喊人打开门。”我也很无奈地说：“他妈妈说这孩子挺固执的，今天我算领教了。”

我也知道小军为什么不合群了，他的固执己见，以自我为中心，不为旁人考虑，真很难与人和睦相处啊！后来，我再邀请小军来吃饭，都尽量早一些准备，免得他又进不去校门。可有几次，我们早早吃完饭，他却决定留在我家住了，用电脑上网，和同学视频聊天，也不管我们是否要休息。他大声说话、哈哈大笑。有时候，老公撇撇嘴说：“现在的孩子太任性，想怎样就怎样，感觉世界上所有的人都要对他好似的。”我知道他这是在抱怨小军，而女儿也对小军颇有微词，因为小军半夜经过她房间时总能把她吵醒。没办法，我也只能减少邀请小军来我家的次数。

高考时，小军考上了重点大学，我在他的留言本上写道：融入你的伙伴中去，适当改变自己，你的人生会更开阔。

我是希望小军能改掉他以自我为中心的性格缺陷，以他的聪明才智去创造一片广阔的人生。

可是，让我们失望的是，小军大二时因与系主任吵架并大打出手，被学校记过处分。从此，小军竟然一蹶不振，连续三科成绩不及格。在还有半年就大学毕业时，学校勒令小军退学了。

我听到这个消息大为吃惊，连忙给朋友打电话，朋友在电话里哭着说："在家里时，他耍耍脾气也就算了，可在大学，竟然与系主任吵架。你说人家还能给他过关吗？现在小军只知道在家喝闷酒，我让他问问同学、朋友能否给介绍份工作，他却说自己没有朋友。真不知道这孩子在外面是怎么混的？唉！气死我了啊！"朋友还在自顾自地唠叨，我只能安慰朋友。

小军之所以有现在的结果，与他的任性不无关系。若是从小到大的小军在任性的时候，妈妈不是对他宠着、顺着，而是适当引导，小军也不会养成唯我独尊的性格。他不懂迁就他人，怎么能与人相处得来呢？

4. 任性易让孩子患有心理疾病

任性的孩子总觉得，反正什么事都会有大人们顶着，他们想怎样就怎样，不用担心后果，不用承担责任。这样的心理，让他们为所欲为，不受任何规则的约束。而当这样的孩子走向社会，当他们任意妄为的思想受到制约时，他们的心理便很难承受得了挫折和打击，极易患上心理疾病。

近年来，门诊和心理咨询中的统计数据显示，患有孤独症、多动综合征、夜惊症、强迫症、恐惧症等心理疾病的儿童已达到病人总数的10%左右。按理说，上一代人与现在的孩子的生活简直是没法比，可为什么患有心理疾病的儿童人数却在日益增多呢？追究其原因，就是现在家长更关心的是孩子的身体健康，却忽略了他们的心理健康。

如今独生子女家庭占大多数，一家一个小孩，孩子受到多人的关注和关爱，唯我独尊、以我为主的生活方式让孩子们一直处在家庭中

“老大”的位置。全家人的作息时间规划要以孩子为主，每顿要吃什么饭菜也以孩子的口味来做……天长日久，孩子的心里就会形成固定模式，而一旦在家庭以外的环境中遇到打击，他们会表现出郁闷、烦躁，产生失落感、无归属感，这些都可能导致孩子们产生“心病”。

另外，家庭成员的溺爱，除了养成孩子任性、自私等不良习性之外，还常常表现为性格孤僻、耐挫力差、社交恐惧等。

小李夏是朋友家的孩子，朋友对他很头疼。小李夏被爷爷奶奶从小带大，在老人的溺爱中，他任性极了，稍有不顺心的事，就大发脾气，有时候还骂爷爷奶奶。朋友知道后，把小李夏带回家管教，面对爸爸的严厉教育，小李夏不敢太任性，可是他却特别怕生人。家里来客人，小李夏便躲在自己房间里，说什么也不出来。若是客人主动去亲近小李夏，孩子会吓得躲到床底下，那样子像是有人要杀他似的。

我听了朋友的讲述连忙说：“小李夏有心理疾病了吧，你得带他去看心理医生。”朋友大为惊奇：“心理疾病，不可能。”我分析说：“他在爷爷奶奶家一直被宠惯着，而在你粗暴的管教下他什么也不敢做，对自己没有信心，胆小，他小小的心灵受着煎熬，只能用逃避来防止犯错。”朋友的脸变了颜色，说：“早知如此，在他小时候就不该送到爷爷那边。现在他心理这么怪，可怎么办啊？”我劝他说：“去心理医生那好好看看，小李夏还小，肯定能治好的。”

所以说啊，从婴儿时期开始我们就应该从心理卫生角度来为孩子创造一个良好的成长环境。正如专家指出：儿童时代是培养孩子健康人格的黄金时期，年龄越小可塑性越大，溺爱会让孩子任性、自大、经不起挫折；粗暴会让他产生“情感剥夺”的感觉，变得胆小、冷酷、缺乏同情心。

专家所指出的错误教育方式都会对孩子的性格和心理产生潜移默化的影响，家长们要重视培养孩子健康的心态，让他们积极地面对今后的人生啊！

身边的故事 1-4

王志毕业分配到学校时，25 岁的小伙长得挺精神，工作认真，性格开朗，深得学校老师的喜欢。王志家庭生活富裕，爸爸是镇上小有名气的“包工头”，因此，王志刚来学校时，给他介绍女友的人络绎不绝。后来，王志和一个叫小茜的老师结婚了，并很快就有了孩子，所有人都觉得小茜这女孩真有福气，找到一个好老公。

可是让大家震惊的是，一年半后，他们的孩子才刚刚周岁，两人竟然办理了离婚。这是为什么？难道王志嫌小茜生的是女孩？一时之间，各种猜测五花八门，可两人都保持缄默，大家只能看着可惜、叹气。

但是，随着同办公室的同事与王志交往时间越来越长，大家发现王志性格有点与人格格不入。上周末，学生放假，老师们聚在办公室一边工作一边开玩笑。大伙正说得高兴，王志把空矿泉水瓶扔向对面的女同事，女同事不高兴地问：“往哪扔啊？”王志说：“就扔你那儿，谁让你说那么多话。”女同事反唇相讥：“说话你也管啊！你以为你是谁啊？”王志也较上了劲，腾地站起来。“怎么？还敢打人？”女同事蔑视地看着他。谁也没想到，王志真就上前推了一下女同事。其他同事怎么也没想到王志真会动手啊！他们上前劝阻王志，可是谁劝王志，王志就跟谁吵。那样子就像个任性霸道的小孩子，让人感到可笑。

后来，校长来了，王志才给校长面子，气哼哼地走了，结果 3 天后才来上班。

这件事发生后，大家才知道王志的性格是这样的。同时，大伙似乎也能想象到小茜离婚的原因了。

这时，小茜才开了口，她说：“王志是个什么样的人，你们都知道了吧！我原来一直没说离婚的原因，是怕大伙不相信。别看他表面上工作认真，可一回到家就变了个人，他们家所有人都害怕他，所有人都得照顾他的情绪，否则他就会摔东西、打人。他妈、他姐都挨过打，王志简直不是人。”说到这，小茜眼泪流下来，“对我就更不用说了，说不上几句话就打人，有次还用剪刀在我后背扎出了血。”这离婚原因也太恐怖了，我们吃惊极了。大伙问：“他是不是心理有病啊？”“他妈一直以为儿子有病，可也带着去医院看过，什么事都没有。其实，就是他们家重男轻女惯的。就说我们吵架吧，他们家人从来没有说过儿子的不是，从来都是我的错。他的姐姐也不愿意回家，不喜欢看到弟弟的样子。”

小茜所说的真相一时间被传开了，王志的母亲很生气，她说这是小茜在中伤儿子。可是，认识王志的人心里清楚，他在办公室都那样霸道、任性，在家里就更不用说了。

至今，王志的母亲还在照顾着他，三十多岁的人了，没有人敢成为他的女朋友。在单位，他没有朋友，总是孤独地抽着烟，同事也尽量不打扰他，不愿与他的任性计较。可越是这样，他脾气越大，他的心里比谁都痛苦。

5. 任性易走上犯罪之路，自酿苦果难挽回

有着任性性格的人想干什么就干什么，自私、专横且不考虑事情后果。他们遇事好钻牛角尖，一意孤行，而一旦遇到阻力，就会为达到目的不择手段，利用各种招式欺骗、要挟，甚至失去理智。“冲动是魔鬼！”一旦走上错路，想回头都难了。

在我原来居住的镇上，人口并不多，大家低头不见抬头见，互相都知道彼此。在镇西边有一家男孩也就十七八岁，初中毕业就辍学在家，说什么也不读书了。父母拿他没办法，只好不管他，他在家里游手好闲，过得挺潇洒。

有一天,他在路上闲逛遇到一个女孩,他对女孩一见钟情,非要和女孩处朋友。这女孩有男友,怎么能理会他呢？可这男孩一意孤行,觉得自己比女孩的男友强百倍,就找了一帮人把男友打了,还威胁男友快点离开女孩。男友和女孩报了警,那男孩被拘留了。

父母都是老实人,哪想到儿子会被抓进派出所啊！得到儿子被抓的消息,母亲一头晕倒在庄稼地里。

那个男孩我见过,个子不高,可他怎么就那么固执地认为女孩和他会幸福呢？有人说这是爱情的力量,让他冲昏了头。而我却认为,是这男孩太任性,只以自己的人生观去衡量别人,就是太自以为是了。他执意地认为自己的做法是对的,并且为了实现目的不惜一切代价。任性的冲动让他无视法律、无视道德,最终受到了法律的责罚。

而在对青少年的犯罪调查中发现,他们的性格多数是狂妄、任性、自私、固执,而这一性格的形成多数离不开家庭教育的影响。

这是一个真实的故事,忘记发生在哪一年了,但这个故事从未被人们遗忘。在北方一座城市的监狱里,因盗窃杀人被判处死刑的邱某即将行刑,他才 24 岁。

临刑前,他提出要见妈妈最后一面。在会见室(当时还没有隔离设施)母子面临生离死别,不禁抱头痛哭。

儿子说:“妈妈,我想最后吃一回妈妈的奶,行吗?”这个时候的妈妈不知还能为儿子做些什么,只好解开衣服,看守的警员见此情景赶忙转过身去。可是,紧接着的一声撕心裂肺的叫声让警员回过头,只见这位妈妈的胸部鲜血淋漓,邱某从嘴里吐出咬断的乳头,对着妈妈恶狠狠地说:“我——恨——你!”

警员立即给邱某戴上手铐,妈妈被送往医院。

在审讯室里,邱某交代罪行,他说:“是妈妈误导他走上人生歧途的。”原来,邱某是妈妈一个人带大的。在他三四岁时,有一次,妈妈带他到邻居家玩,他无意间看到地上有一枚五分钱硬币,就趁大人不注意,捡起来放兜里。回家后,他交给妈妈,妈妈没有让儿子把钱送回去,反而对他的行为赞扬了一翻。从此以后,儿子为了得到妈妈的表扬,将在学校、邻居家小偷小摸来的东西都说成是"捡"的,妈妈一律照收,还不忘表扬他。后来,儿子的零用钱都是这样"捡"来的。参加工作后,他独来独往,继续行窃,最后一次是潜入珠宝店,因杀人而被抓捕归案。

这一切罪责,邱某都把它们归咎于妈妈,他的恨是妈妈不能理解的,因为她没有想到自己对孩子的表扬换来的却是一场恨。可是,从这个案例中,我们看到的是这位妈妈失败的家庭教育,对孩子盲目的赞扬,不注重从小事起对孩子进行道德规范培养,对孩子做错了事进行放纵、娇惯,这都让邱某胆子越来越大,最终走向深渊。

著名女作家穆尼尔·纳索夫说:母亲是孩子的第一所学校,而这个孩子的学校就是最失败、最不合格的学校。在她一言一行的教育中,邱某一意孤行、狂妄、为所欲为的性格特点,给这个家庭带来悲剧。

由此可见,培养孩子良好的性格,正确引导孩子的成长发展,是每个家庭中家长的重任,这要比想方设法满足孩子的物质要求更重要。而对有着任性性格的孩子,其家长更不能掉以轻心,在以上两件真实发生的事中就足以说明了这一点,那么请家长现在就开始与孩子的任性"斗智斗勇"吧,改变孩子的任性是家长刻不容缓的责任。

身边的故事 1-5

这天红跃早早地收拾干净屋子,煲好儿子家豪最爱喝的牛骨汤,等着时间到了去机场接家豪。

红跃心里很激动,才 3 个月没见到儿子,她就觉得已经过了 3 年。今年,家豪考入南方的一所大学,红跃每天都给家豪打电话,她担心从小就一直被自己照顾的儿子,一个人该怎么面对那里的生活啊!有一次,儿子的钱包丢了,红跃连夜坐飞机给儿子送去钱,她不能让儿子在那里感到无助。而回来时,红跃不舍得再坐飞机,坐硬座火车，两天半才到家，腿都肿了。

只是最近，家豪才渐渐适应了学校的生活。那天家豪打来电话说自己洗的被单，红跃心疼极了，说："家豪，你的任务是好好学习，我为你准备了5床被单，自己勤换点，放假了把它们背回来我洗。"红跃一想到儿子细嫩的双手被洗衣粉水浸泡就心疼。

红跃想着儿子可爱的笑脸，终于等到了出门的时间。她打车来到机场，翘首企盼着儿子的出现。

不大会儿，红跃看到家豪推着行李车走出来，他长高了，却瘦了，红跃跑过去搂着儿子说："妈妈想死你了。"可是家豪却不大高兴似的，冷冷地哼了一声。红跃觉得儿子太累了，就说："儿子，累了吧！妈妈给你煲了牛骨汤，走，回家吃饭去。"他们边走边聊，去取托运的行李。"我才不要喝牛骨汤呢，那东西发胖。"儿子不快地说。"好，好，不喝。那你想吃什么，咱们去吃。""妈妈，前天我让你往卡里打钱，你为什么没打？"儿子赌气似的说。"我想你卡里有500元，再说今天就回来了，还费那劲干吗？"红跃无所谓地答道。

这时，他们已经来到了机场外，可妈妈不重视的态度一下子激起了家豪的火气，他不知从哪儿掏出一把水果刀，狠狠地朝妈妈刺去。妈妈瞪着眼睛捂着肚子，吃惊地看着儿子，家豪却狠狠地说："我没有钱，在我女朋友面前丢了大脸，都是你害的。"他连刺妈妈9刀。

红跃被送到医院抢救，她睁开眼睛的第一句就是："不要抓我儿子，他有病，有精神病。"

很多人都不理解家豪为什么要刺杀妈妈。而家豪的小姨说："我姐姐对家豪太溺爱，从小到大，家豪提出的要求，姐姐都尽力去办好。这不，因为姐姐没有给他及时打钱，他就怀恨在心。姐姐真是命苦啊！"

可是红跃还在向检察机关为儿子求情，她还在怪是自己不好，让儿子在女友面前丢了面子……

第二堂课

孩子任性不能推卸责任，你掌握着孩子性格成长的方向盘

课前导入

第二堂课的内容我们来分析孩子任性形成的原因。孩子易任性，不服管，有些是天生气质决定，但更多的是与父母的教育方式有关。即使孩子天生倔犟、固执，那么家长也可引导孩子向正确的方向发展。家长们不要总是抱怨自己的孩子难管，不如别家孩子听话，再埋怨那也是自己的孩子，他性格能形成这样，那也在于父母们，这个责任可不是推卸得掉的。请家长们抱着检讨自己的态度进入这堂课的内容，在所列举的父母行为中，能否找出自己孩子任性的原因呢?

1. 天生气质较兴奋的孩子，易表现得更任性

我们看到别人家孩子乖巧、懂事，不免会感叹道：为什么我家的孩子就不省心呢？孩子与孩子之间的差别怎么就这么大呢？

那我们要分析孩子任性的原因，就不能忽略了遗传因素。这也是有些家长发现，同样的教育方法和手段为什么对别人家的孩子有效，而对自家的孩子却没有效果，根本的原因不是孩子天生喜欢任性，而是某些孩子天生的气质类型使他们易于表现得任性一些。

同事小黄的儿子调皮、好动，特别任性。北方的冬天黑得比较早，那天4点半多我走在回家的路上，就看到大道旁边的雪堆里有两个黑影一前一后地跑。“你给我站住！”我听到竟然是小黄的声音。我喊：“小黄，干什么呢？”小黄气喘吁吁地来到我跟前说：“儿子放学不回家，非要在雪地里跑。气死我了，追也追不上。”看到小黄着急的样子，我自认为在教育孩子任性上有些经验，就说：“交给我吧！”

我在雪地里深一脚浅一脚地走向小黄的儿子，他正在雪地里打滚，我耐心地说：“饿不饿啊？不回家吃饭吗？”他没回答我的问题。我又说：“这么冷的天，你一会儿就冻坏了，手脚冻坏了可难受呢！”他根本没听到我说的话。我又说：“要不，去阿姨家吧，我刚刚买了一个动画片《雷速登闪电冲线》中的遥控小汽车，你要不要试一下。”他说：“不去了。”一连串的问题都被他拒绝了，我强按住他说：“好了，不玩了，回家。”他用力挣扎着，还使劲踢我。这孩子真是拧啊！我用这么多办法都没能改变他的任性，我只好回到小黄面前说：“对我女儿有效的办法放你儿子身上没有效果啊！”小黄也无奈地说：“我家这个是天生的犟，谁也治不了。”那天，小黄硬是陪儿子在雪地上玩了半个多小时，第二天，儿子什么事也没有，小黄却冻得流鼻涕。

难道像小黄儿子这样，天生脾气就倔犟、固执的孩子就没有办法教育了吗？当然不是，小黄的儿子与孙悟空是一个气质类型——多血质。据研究，俄国的4位著名作家就是4种气质的代表：普希金具有明显的胆汁质特征，赫尔岑具有多血质的特征，克雷洛夫属于黏液质，而果戈理属于抑郁质。

心理学理论介绍：人的性格更多受到后天环境的影响，具有较为明显的社会特性，在不同的社会文化条件下，人们的性格有较大的差异。性格与气质之间是相互作用和相互影响的：一方面，后天经验的性格可以掩蔽和改造气质，指导气质的发展，使它更有利于个体适应周围的生活环境；另一方面，气质也会影响一个人对待事物的态度和行为风格，使性格带上某种气质的色彩。而且，气质还影响性格的形成和发展，对一定的性格特性起着促进或阻碍的作用。

从儿童气质的表现中可以看出，反应强度较强烈的孩子，易得到较多关心，但也会夸大事实被人误会，有时还会大哭大闹让我们难以忍受。那么坚持性高的孩子显得固执，但他们有锲而不舍的精神。因此说，反应强度大和坚持性高的孩子脾气大，不高兴时大吵大闹，不容易哄好，如果这个时候，家长忍受不了孩子的哭闹，随意满足他们的要求，孩子的脾气就会越来越大，任性就不容易改变了。

那么，在了解了与任性相关的心理知识后，我们理解了孩子发生一些“不听话”行为的原因，再根据孩子的特点因材施教，对属于这种气质的孩子要赋予更多的耐心，采用更多的方法纠正孩子的不良习惯。

像上面介绍的小黄儿子的例子，既然孩子特别喜欢玩雪，一直在外面会冻感冒，那就可以拿个大盆装满雪，让孩子在家里玩。还可以给孩子分配任务，让他用雪筑一个雪城堡。这样的方法一定比强硬让孩子回家有效。

身边的故事 2-1

人家都说：“老婆是别人的好，孩子是自己的好。”可于晓容却不这样认为，她觉得谁家的孩子都比她女儿飞飞好。按理说飞飞是女孩，应该是温柔、好静、乖巧、可爱的，可飞飞却像个淘小子似的，整天爬上爬下，蹦来跳去，除去睡觉时间，就没有安静的时候了。

而且飞飞特别任性，不允许她在墙上乱涂乱画，于晓容把家里的铅笔、水彩笔之类的都藏了起来，可不知道飞飞是怎么找到笔的，偷偷在墙上"作画"。于晓容发现时，飞飞正在那贼眉鼠眼地监视妈妈的一举一动，看到妈妈过来了，扔下笔就跑，却不小心被水盆绊倒，弄了一身的水。可她没有哭，从水里爬起来，绕着沙发转圈，还朝妈妈扮鬼脸。那样子让于晓容哭笑不得，她叹口气说："我咋就生了这么个孩子呢？"

所以她就很羡慕楼下温柔的女孩蝴蝶。

蝴蝶比飞飞大一岁，学跳舞、绘画、钢琴，说话的声音很好听，不像飞飞那样大喊大叫。蝴蝶每天被妈妈打扮得像个小公主，轻手轻脚地走路，不像飞飞穿上新衣，不超过半小时一定弄得脏兮兮的，走路也是扑腾扑腾地像个男孩。

于晓容从来没听过蝴蝶大哭大叫，也不见她违反妈妈的建议。有一次，她们两家孩子在一起玩，飞飞大呼小叫地去玩滑梯，可蝴蝶只是文静地站在一边看，蝴蝶的妈妈有事要走，蝴蝶什么也没说就跟着妈妈走了。而于晓容要回家时，飞飞才不会这么听话，非要于晓容强制命令，她才会跟着走。

于晓容问蝴蝶的妈妈："你家孩子怎么那么乖巧呢？"蝴蝶妈妈说："这孩子天生就是文静，我想让蝴蝶像你家飞飞那样敢说敢做，可是蝴蝶胆子小，还得需要训练吧！"于晓容摇摇头说："别，像蝴蝶这女孩多淑女，哪像飞飞整个一假小子，还任性，我不喜欢。"蝴蝶妈妈笑笑说："人无完人，孩子和孩子也存在很大差别啊！"

虽然于晓容羡慕蝴蝶，可是爱自己的孩子那是不会减少的。这不，于晓容和蝴蝶妈妈又一起带着孩子去逛街，她们都收获满满，大包小包地拎着东西往家走。

于晓容实在拿不动了，就把东西放在地上休息一下。飞飞见状，说："妈妈，我帮你拎。"说着，就拿起一个袋子往家走。蝴蝶看见飞飞能帮忙，她也从妈妈手里拿过袋子，跟在飞飞的身后。

可是，那两袋东西对于孩子来说太沉了，飞飞和蝴蝶都吃力地拎着袋子往前走。蝴蝶妈妈追上蝴蝶说："谢谢宝宝，还是妈妈自己拿吧！"蝴蝶只好把东西交给了妈妈。可于晓容对飞飞说不用她拎，飞飞说："不，我能拿动，妈妈你放心吧！"于晓容知道拧不过孩子，只好让飞飞继续提，可看到飞飞蹒跚吃力的样子，于晓容很不忍心。

她在后面喊："飞飞，听话，你今天表现很好了，累坏了，妈妈会心疼的。"飞飞一听，走得更快了，说："我要帮妈妈做事。"

等她们到了家，飞飞累得一屁股坐在沙发上，她看着手说："妈妈，手都勒红了。"于晓容看着孩子的手感动得要流泪，她帮飞飞吹吹手上的红印说："是不是挺累的？""嗯，挺沉的，可是我要帮助妈妈，就坚持着呗。"这个时候，于晓容才第一次发现女儿的优点——有毅力，有韧性。

这事以后，不知道为什么，于晓容再面对飞飞的一些行为时，不再觉得那是任性了，她觉得飞飞有韧性，不像蝴蝶那样遇到些挫折、困难就放弃。

后来，于晓容偶然听了教育专家的讲座，专家说："孩子天生的一些气质是需要家长正确纠正和引导的，这样才能让孩子形成良好的性格习惯。"于晓容想到飞飞的坚持和毅力，虽然有时候飞飞表现得很"任性"，可如果把孩子的这种气质引导在有意义的事情上边，那可是一种优良的品质啊！有了想法的于晓容非常激动，她像找到了飞飞身上的金矿，正等着她开采出来，让其发光发亮呢！

2. 幼儿逆反心理表现出来的任性

据心理学家研究发现，人的一生有 3 个逆反期，分别是：幼儿期（2 ~ 3 岁）、青春期（15 ~ 17 岁）、老年期（70 ~ 80 岁）。其中，幼儿期和青春期的逆反行为，常常表现出拒绝、顶撞，与大人唱对台戏。

小晴 3 岁以前可是个乖乖女，妈妈说什么她都听，可是 3 岁以后，她却像变了个人，妈妈让她向东她偏向西。那天，妈妈看见小晴在玩拍球，就说："小晴，别拍球了，去看书吧！"可小晴像没听到似的，还是在拍。妈妈大声又说一遍，小晴还是继续拍。妈妈没想到怎么孩子越大脾气越犟，越来越难管了呢？妈妈就走到小晴面前说："我不让你拍球，是因为拍球声让我脑袋疼，你为什么不听呢？"小晴说："拍球好玩呗。"这一句话把妈妈气坏了，她夺过球，小晴没球拍，气得大哭起来。妈妈说："就要管管你的任性，到一边哭去。"

在这件事中，小晴妈妈把小晴的行为定义为任性，是因为她不了解儿童的心理特点。小晴的这个年龄段正是孩子的第一反抗期，这时的孩子自我意识萌发，开始寻求独立，什么事都喜欢自己来做，不想受大人的摆布。这种心理现象称之为逆反心理，是儿童的心理特点。

而孩子这种寻求独立的需求并不是"任性"，逆反是他希望能自己体验"我能行"的感觉，这时标志着孩子已不是婴儿，而是儿童了。

心理学家曾做过追踪调查：在 2—5 岁的孩子中，各抽出 100 名反抗性较强的幼儿和几乎无反抗性的幼儿，随后追踪调查他们至青年期的情况。结果发现，在反抗性较强的 100 名幼儿中，有 84 人意志较坚强、有主见、有独立分析和判断事物的能力。而在反抗性较弱的幼儿中，只有 26 人意志较坚强，其他孩子遇事不能独立地承担任务、作出决定。可见，幼儿的反抗性行为并非完全是一件坏事。

而欧美等国的父母非常重视孩子说“不”，会说“不”的孩子，他们的家长都非常高兴。

但是，逆反时期的孩子心理特点就是与大人对着干，因此，家长要接受儿童心理的这一特点，用正确的方法引导孩子顺利度过这段时期。如果，父母教育方式不当，就会给孩子造成心理上的伤害，同时，教育不当也会让孩子的逆反演变成性格缺陷的“任性”。因此说，“任性”和“逆反”仅一步之差，家长要很小心地对待儿童逆反期的这几年。

那么，该如何引导孩子的逆反呢？这里有两点建议。

第一，家长不能事事包办，减弱孩子对家长的抵触心理。父母首先要尊重、信任孩子，不可以认为孩子事事都应听家长的才是好孩子，要给孩子一些自由和独立的空间。冷静分析孩子出现逆反心理的原因，若是家长做得不对，就要改进；若是孩子无理取闹，家长就可以用对付任性的办法处理。

如，一位妈妈接女儿艳艳放学回家，可艳艳一定要走大路，妈妈希望快点回家，坚持要走小路。妈妈硬拉着艳艳往小路方向走，艳艳挣脱妈妈的手，朝大路方向跑去，也顾不上道路上的车。妈妈吓得在后边追，追到孩子后，妈妈非常生气，说多危险，真是越来越犟了。艳艳却得意地朝家走去。晚上，妈妈消气了，问艳艳为什么要从大道走，艳艳说：“你总带我从小路走，我想看看大路上都有些什么商店。”

这位妈妈就是要求孩子什么事都得听她的，最终孩子只能“起义”。

第二，和孩子多进行情感交流，别盲目地制止孩子的行为，要多听听孩子的想法。家长要站在他们的角度来判断事情，不能以成人高高在上的姿态去命令孩子。

早上，小波要穿旅游鞋，而妈妈非要他穿凉鞋，两人各持己见，互不相让。妈妈说：“天太热了，想捂出臭脚吗？”小波说：“我喜欢穿旅游鞋，凉鞋不舒服。”“哪里不舒服了？昨天不是还穿得好好的吗？你这孩子就是矫情。”爸爸走过来问孩子哪里不舒服，要不修一下吧！小波这才说：“这双凉鞋像女孩子穿的，我不穿。”妈妈一听乐了，原来是因为这个，她还以为孩子想一出是一出呢？

这位妈妈犯的错误是根本不给孩子解释的机会，只是一味地指责、命令，这只会使其与孩子的矛盾加剧。

以上介绍的两种方法，是希望家长能够放下成人想“掌控”孩子一切的错误思想，根据孩子的心理特点，有的放矢地去教育孩子，正确引导孩子的逆反心理，让他们能够健康快乐地成长。

身边的故事2-2

宋家英一屁股坐在办公室椅子上，垂头丧气、没精打采。好友小芬跑过来关切地问：“宋姐，怎么了？遇到啥挫折了，跟妹聊聊。”宋家英无力地抬起头说：“你小丫头知道什么。告诉你啊，你可千万别着急要孩子，玩几年再说，养孩子这事可不简单。”小芬说：“我可不这样认为，小孩子多有趣啊！实话告诉你吧，我正准备呢！”“不相信拉倒！我可是被孩子气得昏了头，要不把我姑娘送给你得了。”宋家英开玩笑说。小芬奇怪地问：“什么事让宋姐这样心力交瘁？跟我说说，我好有点经验。”宋家英喝口水，讲起了昨天发生的事。

昨天是宋家英女儿翠翠的3岁生日。宋家英提早下班，去幼儿园接翠翠，她们一起去买菜、订蛋糕，开开心心地为生日晚餐作准备。

可没想到却因为一顶生日帽搅黄了宋家英精心设计的生日晚餐。

在蛋糕店里，翠翠选了一个美羊羊的水果蛋糕。在蛋糕制作的过程中，翠翠很兴奋，和服务员姐姐聊得特别开心。她给姐姐们讲笑话，服务员说这小姑娘真幽默。看着女儿活泼开朗的性格，宋家英有种甜蜜的感觉。

蛋糕制作完成，服务员给蛋糕装上盒，并把蛋糕帽、盘子、叉子也装上袋。一个服务员又拿出一顶蛋糕帽扣在翠翠头上说："小美女，戴上吧！"翠翠说："谢谢姐姐。"宋家英提着蛋糕和大家说再见。

走到门口时，她顺手把翠翠头上的帽子摘下来说："戴这个坐车不方便，回家再戴。""不，我要戴。"翠翠抢过帽子又戴在头上。宋家英有点不高兴："这帽子出门后容易掉，我要提蛋糕还要领着你，路上车多危险。快给我。"没想到翠翠还较上劲了，反复地说："我就戴，我就戴。"蛋糕店服务员也走过来搂着翠翠的肩说："小美女，妈妈说的有道理啊！""不用你管。"翠翠把服务员的手挡在一边。"你这孩子怎么这么没礼貌呢！快跟姐姐说对不起。"宋家英觉得很尴尬。翠翠把蛋糕帽扔在地上，还狠狠地踩了两脚，开门就向外跑去。

宋家英来不及和服务员说对不起，就追了出去。可她只顾着看孩子，却一头撞进一个高个男人的怀里，手中的蛋糕啪地扣在男人的鞋上。

"噢，我的天哪！小芬，你应该能想象得到我当时的尴尬和难堪吧！那个男的你猜是谁？是我的前男友。七八年没见面，竟然让他看到我如此发疯的囧样。当时，我真想找个地缝钻进去。可翠翠那孩子，还站在远处笑我呢！"宋家英懊恼地说。

小芬哈哈大笑说："前男友？哈哈……他说什么？""他说，'家英，是你吗？快去洗洗脸吧！'可能是我只顾着给对方擦鞋子、抹脸了吧！唉，总之丢人是丢大了。我领着孩子灰溜溜地走了。回家后，什么生日晚餐，统统取消。老公问我怎么了，我都不好意思说！你说翠翠这么任性，我都不知道该怎么教育了。"

小芬笑够了才说："宋姐，这场尴尬完全可以避免。我查看了一些儿童心理资料，像翠翠这个年纪的孩子正处在逆反时期，她喜欢和大人拧着干，她想寻求独立，不想受你的管束。我想翠翠觉得你干涉了她的想法，她不高兴了呗。如果你在蛋糕店外面，让翠翠自己发现戴帽子的确不方便走路，她会配合地拿下来的。你看，只是一门之隔，事情的结果却大不相同。宋姐，我觉得你应该多看看儿童心理方面的资料。”

“是吗?”宋家英回转身,在百度上搜索“逆反”,上面的资料果然和小芬说的一样。宋家英郁闷地说:“原来当家长也得学习啊!有没有家长培训班啊?我要报名。”小芬说:“我当你老师吧,不收学费。”宋家英哈哈大笑起来,她想是应该学习一下儿童心理学了。

3. 打出来的任性

在孩子出现问题后,父母两人会坐在一起分析:孩子的性格像谁?但往往结论都是:父母会把孩子的不好方面归咎于对方。“瞧儿子那倔脾气就像你。”妈妈愤愤地说。“儿子那慢腾腾的样子不也随你吗?”爸爸撇撇嘴说。我想这样的对话在很多家庭中谈论教子时出现过吧!这也看出我们成年人的盲点:只看到对方的缺点,看不到自己的缺点。

说起这个话题,可不是我要跑题了。孩子的任性、犟脾气确实跟家庭中的某一成年人有直接关系,而这个人一定是在孩子的成长过程中起关键性作用的人物。这个关键性的人用粗暴、倔犟的方式对待孩子,孩子就会用同样的方式“回敬”大家。

还有一个现象,那就是孩子常常对家庭中的两类人耍任性的脾气:一种是对孩子特别好的人,我们在下一堂课将会讲到;另一种就是对孩子特别厉害的人。这两类人对孩子的态度是两大极端,要么爱得不得了,要么狠得不得了。而我们即将要说的就是第二种:对孩子特别严厉,常常用“武力”来解决孩子的问题。在这样的环境里长大的孩子极易任性,而且随着孩子年龄的增长,任性会越来越严重。

我觉得家长“打”孩子通常有3种情况:一是恨铁不成钢;二是“棍棒下出孝子”的家训;三是拿孩子发泄。不论家长把哪种情况的理由说得天花乱坠，道理一套一套的，但最终对待孩子的方式都还是“打”。而只要你经常把手扬起来，落在孩子身上，那么你的教育就一定会失败。也许，在短时间内，你会庆幸打孩子会有成效，但时间久了，孩子越来越大了，到你打不动的那一天，孩子就是翅膀硬了的大鸟，飞出你管不到的范围。这时候的你，只有干瞪眼、干生气的份了。

就拿现在八九岁的男孩子来讲，他们的力气有的比妈妈都大。有一次，我和同事约好了带着自家的孩子一起去北山公园玩。我带着女儿去找同事，打开门，见同事和儿子正在“战斗”。原来是因为穿衣的问题娘俩发起了战争，同事非要让儿子穿旅游鞋，儿子就是不穿。同事拉过儿子，儿子顺势倒在地上一手握住沙发腿，同事根本拉不动。几个来回下来，同事累得筋疲力尽，儿子也气得呜呜哭。最后，同事无奈地说：“小时候打打还能听话。现在，我打他，自己手都疼。唉……这孩子越大越任性，以后可没法管了。”我看着这场战争的经过，心里也挺纠结的。去北山玩按理说穿旅游鞋是正确的选择，可是孩子不同意。如果一定要听孩子的穿皮鞋去，那由着孩子，脚磨出了泡也是家长的失职啊！你说做家长可真难啊！

我想了想说：“你儿子脾气倔犟，听不进劝，我们要想别的办法，但是光靠打是绝对管不过来的。”同事也同意我的观点，但却茫然地不知道该怎么做。

我想，同事要改变孩子首先要改变自己的教育政策，最重要的就是取消用巴掌代替解释。

孩子还小，对事情的认知和必要的后果他们无法得知。比如说你不让孩子去摸刚烧开的水，原因是水会烫坏孩子。你觉得这话说得够清楚了吧！烫人的滋味可不好受，孩子一定不敢去摸热水了。但是偏偏孩子不信邪，好奇这水能不能摸，非要去试一试，你当然得对孩子制止了。可孩子不听你的劝，执意要去做，你可能愤怒地扬起巴掌，还唠叨着这孩子不知好歹。孩子被你的武力强制不敢去摸，但他心里却怀疑你的用意，为什么大人能做，小孩子就做不了？这样的想法越积越多，在孩子的心中就会觉得父母不公平，怨恨由此形成。因此，在你的家庭中，谁对孩子压制得最严厉，那孩子对这人的反抗也越严重。我忽然想到一句话是：哪里有压迫，哪里就有反抗。别以为这话用在这里不合适，你觉得怕孩子受伤才不让他摸热水，可孩子却认为是你强制他的行动。为啥？因为孩子不了解“烫”是什么意思。所以，你一而再，再而三地解释水烫会怎样怎样，但孩子无法想象到其严重性。那么面对这种情况，我觉得家长有必要耐心地用实验的方法，让孩子亲眼看看烫的结果。我想，孩子看到这样的实验，他永远都不会轻易接触烫的东西了。

而如果你只靠“打”来强制孩子停止做某件事，用狠巴掌来代替家长和孩子必要的沟通，那么，你和孩子的关系只会越来越僵，而孩子对你的话也会越来越听不进去。在这种僵硬的亲人关系中，任性就是孩子最好的反抗方式了。

表面上孩子对你的巴掌言听计从，可他的内心却是无比的怨恨，这种心情我可以不必解释太多，只要请常打孩子的家长回忆一下自己小时候被打的经历，就会明白孩子的想法。当然，我说起我们的小时候，那家长就会更加义愤填膺地说自己小时候的不容易，甚至会说若不是当年父母打，自己也不会这样。是的，你长大了，理解了父母“打”的理由，可是你是否还记得当年在“被打”的过程中，你心里是怎样的呢？

我很纳闷的是：为什么很多人当上家长就觉得自己是孩子的天，忘记了自己想成为是孩子时期希望的好父母的样子呢？还在沿用上一辈子的老方式，走那条与孩子心理背道而驰的家教路程。其实，不论哪个年代的孩子，他们的心理和想法都是一样的，都希望自己能快快长大——就可以做很多成人不让做的事；希望自己的父母理解自己——不再用任性来表现自己在成长。

身边的故事 2-3

王强其实是个很负责任的父亲，他每天接送儿子王小贝上学、放学，陪孩子写作业，带孩子去锻炼，儿子也跟他相处不错。但是，王强脾气太爆，火气太冲，发起火来谁也拦不住。

就像上次，王小贝一时贪玩，忘记了写作业，周日晚上，王强要检查他的作业，小贝才想起来作业还没写。王强一听火就上来了，一脚把小贝踹倒在地，狠狠地说："今晚不把作业写完，不许睡觉。"说完，他把小贝关在房间里，自己去看电视了。小贝知道自己做错了，甘愿受罚，那以后他再也没有忘记过写作业。

这件事常常被王强拿来炫耀，他得意地说："现在的教育专家天天呼吁对孩子温柔，不能打，看我儿子，踹一脚就好使。"

小贝四年级时，已经长得很高了。有次他家来了客人，客人们夸奖小贝长得帅，王强特感自豪，让小贝给客人表演萨克斯。小贝心里惦记着和小朋友约好了要出去玩球，他说没时间，然后穿衣要出去。王强让小贝简单吹一首再去玩，可小贝偏不听，王强来气了，抬起脚就踹。客人们马上来劝阻，王强吹胡子瞪眼，可小贝却倔犟地盯着王强，一滴眼泪也没流，拿着球就跑了。这是小贝第一次反抗王强的"脚功"，王强吃惊之余不免担心起来：这小子翅膀硬了啊！

果然，那天小贝一夜未归。王强着急又上火，他四处找小贝，终于在小贝的一个同学家找到了他。当然这一次，小贝又免不了挨踢。

从那以后，王强明显觉得儿子变了，不再像以前那样围着他问这问那，总是对王强充满了敌意。即使王强跟儿子好言好语，对儿子提的建议也是为小贝好，可是小贝就是不领那个情。也就是说，王强的所有想法好像都是要害小贝，让小贝不肯接受。

王强一直觉得儿子这样做是因为他长大了，但是有天他发现儿子的倔犟、任性只对他一个人。

有一段时间小贝住在爷爷家。这天，王强带着小贝爱吃的零食来爷爷家看他。儿子和爷爷正在院子里种花，小贝一边帮爷爷运水，一边和爷爷聊天。爷爷说："我听你爸说你要住校。"小贝点点头。爷爷说："住校可以锻炼你的独立性，可是住校条件不好，不适合你的身体成长啊！我看你还是考虑一下吧！为什么要住校，是不是有别的原因？"其实，这个问题王强和小贝都谈过很多次了，王强不同意小贝住校，理由也是这些，可王强越为小贝考虑，小贝就越要搬出去。只听到小贝说："我不想和爸爸在一起住了。"这话让王强大为震惊，他刚要动火，却一下子被小贝奶奶拉住。小贝接着说："爷爷，爸爸太暴力了，从不考虑我的感受，我又不是他的附属品，凭什么要听他的。现在，他跟我说什么，即使是为我好，可我从心理上却想反对他。"爷爷早就看到了王强的到来所引起的不快，他看了一眼儿子又看了一眼孙子，说："你爸爸知道错了。"王强惭愧极了，没想到他在儿子心中是这样的人。今天他偶然听到了孩子的心声，他决心要好好跟儿子谈谈，他要改变儿子的看法……

4. 孩子任性是你一点点迁就他积累而成的

遇到孩子的想法不合乎常理时，我们不能任意使用暴力，更不能一味地顺从、宠惯。

捷尔任斯基曾说过："父母溺爱和娇惯孩子，满足他们的任性要求，他们长成就会堕落，成为意志薄弱、自私自利的人。"对孩子的所有要求家长来者不拒，照单全收，看上去是对孩子喜爱、关爱的表现，可实际上却是在让孩子变得贪婪、任性、没有节制地无理取闹。

其实每个小孩子或多或少都是有些任性的，而有些家长却觉得孩子还小，提出点过分的要求也不为过，大人何必较那个真呢！树大自然直，人大自然长。有这样想法的父母是在推卸教养孩子的责任。对于一种坏习惯来说，养成容易，改却是非常难。在孩子成长过程中，作为孩子监护人的引导和监督作用是什么时候都不能缺失的。就像任性的养成，你觉得孩子一次、两次，甚至几次过分的要求没什么大惊小怪的,可以顺从孩子;你觉得孩子渐渐长大会自己分辨出事情的轻重,可是这只是你的一厢情愿罢了,你的一味迁就只会助长他们得寸进尺,过分的要求会层出不穷,最后让你抵挡不住。

就来说说孩子与玩具的事吧。每个孩子都喜欢新鲜的玩具,只要来到玩具店他们大多数都挪不动步子,眼睛看到哪个都发光。可是,为什么有的孩子只是在玩具店里观看,而有的孩子却非要父母买下玩具,一旦父母不同意,他们就又闹又要脾气呢?孩子面对喜欢的玩具有截然不同的态度,并不是说明哪个家庭有钱或是没钱,只能说明哪家孩子的父母在教育问题上的方法不同。

第一次你带孩子去逛街,走到玩具店门口,孩子指着那个布偶要买下来,你二话没说掏钱买下,孩子高兴极了;第二次逛街,你们又走到玩具店门口,孩子又指着那个漂亮的布娃娃,你说,咱家里已经有两个娃娃了。可是孩子就是拿着这个新的娃娃不放手,你稍稍犹豫一下,还是掏钱买下了;第三次逛街,巧得很,你们又来到了玩具店。这个时候,孩子已经有目的地走进去了,他选了好几个玩具,他知道你一定会买下的。可这次你带的钱有限,买不下这么多价钱高的玩具,你表现出生气的样子,可是孩子根本不为所惧,他竟然抱着玩具跑出了玩具店,任凭你怎么喊,他也不回来。店老板和行人都笑这孩子挺逗的,你觉得没面子,只好用信用卡支付。

好了,只是这3次买玩具的经历,你再带孩子上街可就要“小心”了,他已经掌握了你的弱点,只要他喜欢上的东西,他一定会得到手。你一旦阻止,他就会故伎重演,拿着东西就跑,你只能乖乖为其付钱。不论你回到家里再怎样教训他,他已经得到了东西,他的目的已经达到。

说到这里,你不要以为不就是个玩具嘛,总还是能买得起。但是,孩子对玩具的需求已经上升为不可抑制的欲望,他们因为你的一步一步迁就而养成了无法控制的索取需要。而对物质的索取没有节制时,孩子的欲望就永远得不到满足,变得更加贪婪。

因为明明是不合理的要求，你一味地对其迁就满足，孩子慢慢养成了以自我为中心的习惯，习惯于按照自己的意愿行事，并要求他人服从自己。而一旦周围人不服从，他们就会又打又闹，使尽各种折磨人的办法，只为达到他的目的。

这时候，你才会发现这孩子也太任性了，他是怎么变成这样的呢？其实啊，就是在你一次一次向他的无理要求妥协时，一次一次对他的哭闹屈服时。每个孩子或多或少都有一点任性的表现，如果家长没有及时引导和纠正，便会慢慢发展到极度任性，让你无能为力了。

因此，我在这里提醒那些对孩子过度宠爱的家长们，你不要觉得你的大方和宽容是对孩子付出的最好的爱，你这样做的最终结果是在让孩子一步步走向一条不健康的性格成长之路。我们对孩子的爱应该是合理、健康、正确、明智的，而非无条件的溺爱。这里把苏联教育专家马卡连柯的教育格言送给大家：父母对自己子女的爱不够，子女就会感到痛苦；但是过分的溺爱虽然是一种伟大的情感，却会使子女遭到毁灭。

身边的故事2-4

20世纪70年代出生的淑霞小时候生活贫困，父母忙于生活疏于对孩子的关爱，那个年代的父母把孩子喂饱不哭就行，哪有现在家长对孩子如此费心呀！所以，淑霞结婚后就下决心，把自己小时候缺失的爱补在自己孩子身上，让他不光要吃得好、穿得好、用得好，还要让孩子成为世界上最幸福、最快乐的孩子。

十月怀胎，淑霞的宝贝儿子降生了，起名叫吴硕。为了照顾好儿子，淑霞和丈夫商量，雇保姆不放心，干脆自己辞职，做起了全职太太。淑霞对儿子的照顾可是事无巨细，那叫含在嘴里怕化了，捧在手里怕摔了。

淑霞老想着自己小时候因家穷什么都没有，她不能让儿子受一点委屈。所以，市面上流行什么儿童用品，她几乎都为吴硕准备了。小家伙被淑霞照顾得白白胖胖，挺招人喜欢的。

但是母子俩的分歧却越来越大，一直以来淑霞对儿子从来不严格管束，他想做什么就做什么。可是儿子越来越着迷看电视，淑霞知道这不是好现象，她开始约束吴硕看电视的时间。可是，吴硕根本不听她的，还和她大吵大闹。淑霞看儿子哭得满脸泪水，心软了，自己安慰自己说：儿子上学后，老师留了作业，也就没时间看了。

儿子上了幼儿园，淑霞打算去找工作，可老师跟淑霞说："你儿子中午不睡觉，总捣乱，影响其他孩子休息。"淑霞说："他睡觉需要我拍。要不中午我把他接回来，下午再送去吧！"这下，淑霞还得在家做全职，每天中午接送孩子，还挺忙的。

吴硕入学那天，淑霞比谁都激动，她希望自己一手带大的孩子能在学业上有所成就，让自己感到骄傲。可是已成为小学生的吴硕却从来不写作业，到家放下书包就看电视。淑霞让吴硕写完作业再看，可吴硕却说："看完电视再写，一会儿这部动画片该演完了。"淑霞想想也是，就去做饭。等饭也做好了，吴硕的动画片一部接着一部地看，哪有时间写作业啊！

这一次，淑霞真生气了，在吴硕的学习上她不能由着孩子任性。她上前就把电视给关了。吴硕正看得来劲，被妈妈给打断了，瞬间暴跳如雷，大喊大叫，还去踢妈妈。淑霞指责他说："你这孩子太任性了，写作业重要还是看电视重要？快去写作业，否则不许吃饭。"这是妈妈第一次反对吴硕做的事，吴硕可不怕妈妈，他用力推开妈妈还要去打开电视。淑霞被儿子推得差点失去重心摔倒，她立刻把电源拔掉，硬是把吴硕推到小卧室，让他写作业。儿子气鼓鼓地大哭。这次，淑霞没有心软，儿子竟然可以踢她，让她又生气又伤心。

晚上，淑霞跟丈夫说："咱儿子太任性了，都敢打我了，我们得管管他了。"丈夫说："那不是你的心尖儿吗？我管的时候你总是拦着。"淑霞说："别的事可以顺从，学习上的事坚决不行啊！"

但是，淑霞怎样下决心也没有用，在学习上吴硕就是不按照妈妈的要求做。他仍旧是我行我素，不认真听讲，不按时完成作业，不尊敬老师……是老师眼里品质恶劣的学生。老师把淑霞找来，吴硕却当着老师的面和淑霞大吵：“自从上学后，你总是看我不顺眼，要不我死了算了。”说完，他扬长而去。

这个时候的淑霞痛哭流涕：“我为了孩子十几年不上班，全部心思都放在他身上，却养出了一个这样任性、自私、自大的孩子。我到底错在哪儿了呀？”

老师听了淑霞养育儿子的过程后，语重心长地说：“您从小对吴硕的顺从已经让他心里产生惯性，而且您对孩子的其他事不管不问，唯独学习的事管教他，他怎么能听呢？他认为，学习并不是什么重大的事，所以他才会与您顶撞。其实，像吴硕这种任性的孩子就是家长过分溺爱给惯出来的。我希望您改变一下对孩子的关爱方式吧！”淑霞似懂非懂地点点头，此刻她仍旧不明白，自己只是想让孩子过得幸福，但却没预料到结果是这样的……

5. 请尊重孩子的选择

有些家庭中父母非常强势，他们打着“为你好”的爱之宣言强硬剥夺孩子们的选择权。这样的家长一相情愿地认为，这一切都是为孩子所做的最好的事，可却从来不问问孩子的想法。

而渐渐长大、有了独立思考能力的小孩们，就像已经长出坚硬翅膀的小鸟，想冲出家长一手遮天的“牢笼”，在外面的世界自由飞翔。但就是这样一些寻求自由的孩子们，却遭到了父母的阻拦，他们把孩子的翅膀用绳子绑紧，又回到“牢笼”里的孩子只能用最后一个方法来反抗父母以表达自己的不快，而这种方式在家长看来就是任性。

即使父母提出的建议对孩子是有益的，即便是孩子自己心里也清楚地知道这是真的对他好，但是孩子仍旧会用“不听话”来对抗，因为，用任性来表达自己对父母一手遮天的不满，已经成了他们的习惯。

长此以往，孩子便会形成与人对抗的性格，听取不了别人的意见并认为谁都对他不信任，他有可能会产生严重的自卑感和孤独感，从而不敢与人交往。

你不要觉得在自己面前孩子永远就是孩子，他有时会迫于你的强势，假装屈从于你。可是长大的孩子已是一个完全独立的人，他不受控于任何人，他不会是一个永远沉默的羔羊。而若是某一天，一直对你的要求、命令唯命是从的孩子，突然不听话起来，任你如何说教，他都什么也听不进去，这种表面看上去是孩子的任性，实际上却是他已经有了反抗你的心。物极必反啊！

这种任性是极度可怕的。他们为了“报复”父母对其的不尊重、不重视，可以做出任何过分任性的事。在孩子的心灵中，父母不是他们最亲最爱的人，却是他们深恶痛绝的仇人，这是一件多么恐怖的事啊！

可当我们从孩子的角度去考虑，这又是一件多么让人伤心的事！父母口口声声说一切为了孩子好，可却从来不管不问孩子们的想法和意见。就像有一块甜蛋糕，父母尝了一口说真好吃，就硬塞进孩子的嘴里，却不知道孩子的牙已经长了蛀牙，吃甜食会引起牙痛，孩子只能把蛋糕吐出来。父母当然是为了孩子好，可是因为父母总是把自己的想法强加到孩子身上，实际上却是在让孩子受苦，这真是得不偿失的教育方式呀！

正如一位国外教育专家说过：“尊重孩子的人格，孩子便学会尊重人。”在家里，要从小就把孩子当做独立的社会人来养育。这样培育出来的孩子，走上社会才能够成为独立的社会人，并具有“后生可畏”的劲头。

当家长事事都帮孩子选择时，孩子只会依赖，那长大后面对人生的重大决定时，也就作不出选择，这样的人不会有什么大作为的。

其实，尊重孩子的选择并不难，只要家长不要总把孩子当成孩子来看待就行了。当孩子第一次对你说“不”，你就要把他当成一个独立的人来看待。这样再遇到与孩子有关的事时，你就知道没有权利对其指手画脚，要先询问他的想法。就比如说选择兴趣班，你不要觉得孩子学哪种乐器有发展，你得先问问孩子喜欢什么乐器。让孩子带着兴趣和爱好去学习，一切都靠他去主动接受，就不会发生孩子与你争吵、不练琴的事了。

另外，尊重孩子的选择，孩子也会建立对自己负责任的意识，以此来监督自己的任性行为。在前面也提到过，任何人都有过任性，但关键是每个人的自控能力不同，任性的程度和结果也不同。在家庭中受到尊重的孩子，他们有独立思考的能力，他们有严格的自控能力，他们能快速地改变某一时刻的任性想法，而不至于一条道跑到黑、不撞南墙不回头了。

总之，孩子的任性诱因更多的是来自于父母。我希望正在为孩子任性束手无策的家长们，能够静静地反思一下自己，是不是在管教孩子方面太过霸道，不给孩子选择的机会呢？该放手时就放手，有一种爱不是就叫放手吗？

身边的故事 2-5

小军是我同事的儿子，几年前以优异的成绩考入市重点高中，可是同事却作了个艰难的选择，把小军送到了州重点高中，回趟家要坐三四个小时的长途大巴。

同事作这个决定的理由是：州重点高中教学质量、师资力量肯定是比市级的要好很多，另外让小军离那些同学、朋友远点，免得他们不学习把小军给带坏了，让儿子自己在那里静静地学习。但是去那所学校花销肯定要高一些，不过，同事为了儿子将来有出息，勒紧裤腰带也要把他供上名牌大学。

同事考虑得很全面，为了儿子把自己的烟都降了等级，但是小军可不领情。去州级重点高中的事，同事根本没跟他商量，直接就把学籍调了过去。为此他很生气，他第一次离家那么远，那里还没有认识的同学、朋友，等于是孤军奋战，感觉很无助。虽然老爸给他上思想课，但是小军也很委屈。那几天，他对父母的反抗情绪很严重。同事在办公室抱怨说："我还不是为了他好，小孩子太任性，就是惯的。"我们大伙都劝他："是不是应该让孩子选择自己喜欢的学校呢?"我也说："你这样不尊重他，他这是在反抗。""反抗？老子还不是为了他，你们知道上那所学校一学期就是一万啊！"看来同事是认为自己做对了，谁劝也没有用。

小军被父亲"绑架"似的送到了州重点高中。同事每个星期五都要坐车去看看儿子，周一早上再返回来。我们看着都辛苦，觉得同事一切为了儿子的精神真是家长的典范。可是，当我们问起小军的成绩时，同事却一肚子苦水，他说："难道我当初的选择是错误的？儿子学习成绩很差，上课睡大觉，有人反映说小军晚上去网吧。初中时，小军从来都不玩电脑的呀！"我们劝他说："要不把小军转回来吧！"同事气鼓鼓地说："这小子跟我较劲呢！气死我了。"我急忙说："我觉得你有必要和孩子好好谈谈，问问他到底是怎么想的。小军不是那种任性的孩子啊，他知道学习的重要性。"

又过了几个星期，小军因多次旷课并聚众打架，被学校劝退了。听到这一消息，我们无不震惊。小军多么好的一个孩子，怎么会参与打架呢？同事请假好几天才来上班，他很憔悴，看上去老了很多。我们等着他说明情况，同事却说："小军说了，他就不想在那所学校上学。你们说我怎么养了这么个任性的孩子啊！"其他同事也附和着说："是啊！都18岁了还不懂事。你为了让他上那个学校费多大精力啊！他不想上学就故意闹这么多事，太不像话了。"我摆摆手说："不，不能这样讲。现在，你不得不承认当初为小军选择学校的事是错了吧！这就像领导安排你不喜欢的工作，你还会有抱怨和消极情绪呢，有时还要找领导理论理论。可是孩子跟家长说不通，就会做家长不喜欢的事来表达他们的不满情绪。以我对小军的了解，他现在的表现就是这样的。你可以好好跟他谈一谈，问他到底想怎样，你一切听他的。"同事想了想，点点头。

第二天，同事兴高采烈地来到单位，一进门就说："杨老师，真要谢谢你，昨天你一语惊醒梦中人啊！我和小军谈到大半夜，他果然如你所说啊！我一会儿就请假，给小军转到市高中。小军也答应我，一定考上个名牌大学，但条件是，以后他的人生路要自己选择。"我会心地笑着说："嗯，不用客气。快去办理手续吧！"

以后，我们再也看不到同事愁眉不展的样子了，而小军也很努力，最终考入了南开大学。同事请大伙吃饭那天，他激动地说："我只说一句话，尊重孩子就是对他最好的关爱。"我们热烈地鼓掌。

其实，我觉得像同事有小军这样的孩子是幸运的，有多少家庭中的孩子因得不到尊重而一直就此任性、堕落下去。当家长的看完这个故事真得好好反省一下啊！

6. 任性的孩子最好欺软怕硬

看到这个题目，一定会有很多家长恍然大悟般点头说："真是这么回事！在爸爸面前，孩子很少任性。"这是为什么呢？因为这位爸爸一定很严厉，孩子知道在他面前再要再闹也无济于事，何必做那些无用功呢！这是孩子的真实想法，不信你就委婉地问一下孩子，他肯定是这样说的。

其实，孩子从五六个月开始就已经能通过人的神情来辨识对方的心情了，也就是能看出大人的"好坏脸"了。而随着孩子渐渐长大，他们更能清楚地分辨出家庭中，谁是严厉的，谁是最好说话的，而后者，通常成为他们最习惯要无赖、要任性的人。

而一般被老人带大的孩子，这种“欺软怕硬”的态度尤其严重。就说说我女儿的事吧！

那时候她才6岁。有次放学是姥姥去接她，那天天很热，她却偏要姥姥背。姥姥说拎着重书包不方便，再说天太热，姥姥累晕倒了怎么办。可是女儿不依不饶，在校门口大闹起来，引起旁人的注意。姥姥没办法，只好勉强背起女儿，一步一步艰难地往前走，女儿还在姥姥背上唱着歌。我因为提前下班，便骑车去迎她们，远远地就看到姥姥步履蹒跚地向前走，我这气就不打一处来，谁知我还没骑到他们跟前，女儿提早看到了我，匆匆就从姥姥身上滑下来。姥姥还纳闷她怎么不让背了呢，等看到我就笑着说：“我还以为这孩子体谅我了，原来是妈妈来了。她就知道欺负我。”女儿什么也不说，她知道做错了，瞪着眼睛等我教育她。

看看吧，女儿在姥姥面前的任性行为，见到我后立刻停止，这就说明她知道自己的做法是错误的，可是因为姥姥从来都是顺从、迁就她，她不害怕被拒绝，所以“任性”起来得心应手且屡屡得逞。

而姥姥的心软成为女儿利用的软肋，这也是在一些家庭中软弱的家长能被任性孩子欺负的原因。所以说，你对孩子心软，可孩子却不领情，反倒利用心软来欺负你，这样的结果是不是让你挺伤心？这也在告诉心软的父母们，教育孩子严爱有度才是最恰当的。

一个良好的家庭教育氛围怎么能出现“欺软怕硬”的现象呢？而孩子在家庭中如此与人相处，他也会把这种行为带到家庭之外的环境中。见到厉害的小朋友就毕恭毕敬，而在弱小的同学面前却大要威风，这样的人不论在哪儿都不是受欢迎的！所以说，孩子的这种“欺软怕硬”的任性行为坚决不能忽视，全家人一定要齐心协力把孩子的坏行为给纠正过来。

而若要纠正这种不当的行为，全家所有成员一定要做到管教一致。一般家庭中常常规定谁是唱“红脸”的(负责哄孩子的),谁又是唱“白脸”的(负责批评孩子的)。这样的一红一白,一严一宠,孩子很难得到行为上的改正。其实,孩子错就是错,对就是对,该批评就批评,该表扬就表扬,没这么复杂。

另外就是在家庭当中常常受“欺负”的那一方,要检讨一下自己对孩子的教育方法了,不要过分宠爱和溺爱孩子,批评孩子要占住理,最重要的是不要丢掉自己的威严。

其实,能被孩子“欺负”住一个字就是不够“狠”,在面对孩子的一些无理要求时,不能狠下心来拒绝。孩子可不会为你的心软而收敛,只会得寸进尺,更加嚣张。而威严的树立更为重要,一个威严的家长,只稍一个眼神就能制止孩子的无理取闹,胜过无威严家长的千言万语的劝阻啊!

所以,面对任性的孩子欺软怕硬,家长不光要斗智还要斗勇,严厉地制止他们的无理取闹、过分要求,培养孩子健康的性格习惯。

身边的故事 2-6

李秀的儿子王小东 9 岁,上小学三年级。儿子慢慢长大,李秀对他却越来越束手无策了。

按说李秀对儿子也挺严厉的,她嗓门高,语速快,教训儿子跟开机关枪似的,可这枪没子弹,儿子不怕她。

有一次,李秀老公出差了,她和儿子在家。放学时间早就过了,儿子还没到家,李秀有点着急了。她给班主任打电话,班主任说早就放学了。李秀一听急了,忙下楼去找。远远地就看到王小东和一帮小男孩在花园里玩滑梯。李秀很生气,大声喊:“王小东,你给我回来。放学不回家,太让人担心了。”王小东正玩在兴头上,哪能说回去就回去呢!他回头看看妈妈,仍旧继续和小朋友们疯跑。李秀看孩子又不听话了,就去拉儿子,可是王小东挣脱妈妈又跑走了。李秀生气极了,说:“你再不回家,妈妈真生气了。”儿子把书包扔给李秀说:

“你先把书包拿回去吧！别烦我了，我玩够了自然就回去了。不回去我住哪儿啊?”其他小朋友听了咯咯笑。“唉，我反倒成了多余的人了。”李秀觉得很没面子，她非要王小东跟她回去。王小东跟同伴们说:“咱们上那边玩吧！”一帮小男孩跑开了，李秀追也追不上，只好回家了。

回到家李秀给老公打电话，王小东最怕她老公了。老公说:“等他回来，我再打吧！放学不回家可不行。”

等到天快黑尽了王小东才回来。李秀还在生气，说:“我还是你妈妈吗？闲我烦，那你别回来呀!”王小东笑着跑过来搂住妈妈的脖子说:“妈妈，我饿了，别生气了。我就是想痛痛快快地玩一天。”这小家伙就最会哄人，在妈妈脸上亲了好几口，李秀才消气。这时，老公打来电话，告诉王小东以后放学一定要先回家，去哪儿也要跟妈妈说一声。儿子点头答应。

李秀看着儿子接电话乖巧的样子，想:这孩子就是不怕我，幸好他还有个怕的人。

王小东在家庭中的“欺软怕硬”并没有引起李秀的注意，反正有人能管得住王小东就行呗。

可是在王小东五年级时，有一次老师把李秀叫到学校。原来，王小东在学校欺负低年级同学，放学在路上还截住小同学，人家家长来找学校了。李秀听了很震惊，王小东为什么要那样做啊？在和老师的交谈中，李秀才知道王小东在学校也好欺软怕硬，同班同学都瞧不起他，他只和比自己弱的人在一起玩，而且其他小朋友都得听他的。李秀说:“在家里，他只害怕爸爸，根本不把我放在眼里，但不知道他在外面也这样啊!”老师说:“王小东很任性，他只有在比自己弱的人面前才当老大。这也与你们的家庭教育失衡有关。在一个完整的家庭教育中，父母的教育都缺一不可。一个软一个硬，孩子当然能分辨得清楚，他在硬派家长面前不敢做错事，可在软派家长面前却为所欲为。这样一来，孩子在社会中自然也会这样去与人交往了。”

听了老师一席话，李秀在回家的路上边走边反省。是啊！因为儿子不怕自己，他想要什么东西都先跟李秀提，从来不敢跟老爸说。在老爸面前王小东是个乖儿子，可在李秀面前却是个强硬的小霸王。这样下去孩子不成了个两面三刀、善于伪装的人了吗？而事实上，现在的王小东的一脚已经踏入了悬崖，掉下去就是粉身碎骨啊！李秀越想越恐惧，她意识到了问题的严重性。

王小东回家，他知道犯错了，担心李秀告诉爸爸，表现得特别好，李秀看着孩子虚伪的样子，心里痛恨极了。但是这一次她没有批评他，她要等老公回来好好商量让王小东悬崖勒马的对策。

晚上，李秀跟老公说了王小东在校的表现和自己的担忧。老公说："我原来就提醒过你，管教孩子不是让他怕谁。我工作忙，你对孩子日常行为的管教更多一些，可你却任由他'欺负'着，知道现在不对了吧！我告诉你，孩子不怕你的原因就是抓到了你的弱点。你对他太溺爱，不管犯什么错，只要他亲你两口，你什么都忘了。"李秀伸伸舌头："我就是狠不下来心。""那结果呢？你想眼睁睁地看着儿子进监狱才能狠下心吗？他都敢去堵截同学了，太不像话了。"老公越说越生气。李秀点点头说："从现在开始我就狠下心，做个狠妈妈。"

第二天一大早，李秀不再唠唠叨叨个没完，只跟儿子说："7点收拾完毕，我骑车送你上学。"昨天妈妈的反常行为就让王小东摸不着边，今天早上妈妈还是不太一样，王小东心里嘀咕：看来妈妈是真的生气了。他不敢说什么，照妈妈的话去做了。

以后，李秀改掉了大事、小事都唠叨的毛病，对王小东犯的错惩罚到底。特别是上次王小东堵小同学的事，李秀和老公第一次同时批评儿子。

王小东发现妈妈改变了态度，他也曾试过几回，可妈妈再也不像从前那样好"骗"、好"欺负"了，王小东就再也不敢在妈妈面前任性了，慢慢地，他爱任性的毛病也改了。

7. 别轻易许诺

有很多家长习惯对孩子信口开河，只要心情高兴，就随便对孩子口头承诺，但却很少去履行诺言。

而小孩子常常会把父母的话牢牢记在心里，并寄予极高的期望。但是这些个承诺，其实只是大人随口就那么一说，他们早就抛之脑后了，当孩子再提出曾经的承诺时，大人就以忙或是忘记了为借口推卸说话不算数的责任。

久而久之，父母光辉、高大的形象就在孩子的心目中慢慢瓦解，他们会认为父母爱撒谎，说话不算数，也不会再信任父母了。

因为孩子不再相信父母之言，所以对父母答应的事也不抱什么期望。这也是有些孩子抗拒某件事，表现得非常任性的原因。

就像那天我去接女儿放学，孩子们从学校欢快地跑出来，奔到各自的家长面前。可有一个女孩却大声吵闹："又是你来接，我要妈妈接。"女孩把书包扔在地上，抹着眼泪，不出校门。接女孩的大概是姥姥吧，老人家觉得很尴尬，说："你妈妈临时有事，先跟我回家吧！我给你买冰激凌。"女孩仍旧不依不饶说："她早上说好来接我的，我们要去书店的。我要等她来，给她打电话。"姥姥说："姥姥今天没带电话，再说你妈妈在开会，也不能接电话啊！她说明天去书店。""不，我就要今天……"小女孩挺倔，任性起来谁也没办法。后来，班主任走过来说了几句，小女孩才不情愿地跟着姥姥走了，小脸挂满泪水。四周的家长都议论说："这孩子太任性了。"

可是，这件事的错只是在孩子吗？我想早上妈妈一定和女儿商量好了要去书店，小女孩放学后满心欢喜地想和妈妈去买书。可看到的却是姥姥，你说她的心情会怎样？其实，别看小孩整天无忧无虑的样子，他们认为重要的事也很用心记着，没准这女孩一天都惦记着买书的事了，结果却是一场空等。她只能发泄一下情绪，而这就是我们所看到的孩子任性的表象。实际上，却是孩子对妈妈不守信誉表示的不满。

这时，也许有家长会说，明天再买呗！大人事情多，这位妈妈也是没办法。当然书肯定会买回来，可是孩子喜欢较真的心理特点怎么能想通这样的事呢？因此说，各位家长们在对孩子说出承诺之前一定要三思，考虑清楚自己能不能做到，否则千万不要随口那么一说。你随口一说，孩子当了真，最后你又给忘了。我看这是大人的任性，想怎样就怎样，不考虑孩子的感受。

所以说，有时候孩子的任性是因为父母的不守信，导致父母在孩子心中威信降低，孩子当然不再听信他们的话，就表现出不听话、乱发脾气等不良行为。

其实，关于父母在孩子面前要讲诚信的话题已是老生常谈，那个家喻户晓的故事《曾子杀猪》就是在教育父母对孩子要说到做到。但是很多父母仍旧会认为孩子小特别好哄，先用一些承诺要求孩子去做事，等孩子做到了就不去履行诺言。家长如此出尔反尔，孩子怎么可能再去答应父母要求的事呢？家长都不守信，那孩子也不会是个守信的人了。

因此，当孩子指出父母说话不算数时，你就不要再找理由来搪塞他们了。最正确的做法就是什么也不要解释，立刻就去实现承诺，这才是挽回孩子对父母信任的最好的办法。

另外就是家长不要认为孩子会忘记你的承诺，所以你在承诺孩子时一定不要把话说得太肯定了，切记留点余地。就像前边那位妈妈，如果她跟女儿说一句："如果妈妈下午开会，就让姥姥去接你，咱们明天再去买书。"女儿看到姥姥出现时也不会感到很突然，也会跟着姥姥回去，不会耍赖了。

身边的故事 2-7

阿苗的女儿小芳本是个乖巧的孩子，也许是长大了，脾气也跟着长了吧，这小家伙现在越来越任性。

就说上次，阿苗带小芳去朋友家玩，阿苗让小芳和朋友家的孩子玩，她和朋友出去逛街，可是小芳就是不同意阿苗的建议。阿苗和朋友好言相劝，朋友的老公和孩子也哄小芳，把好吃的、好玩的都摆在她面前，阿苗还许诺回来时捎回她最喜欢的米奇文具盒，但就是这么大的诱惑也没能让小芳同意阿苗出去逛街。她抱着妈妈的大腿不松手，哭得满脸又是鼻涕又是泪。阿苗气得够呛，也很尴尬，也没逛成街。

回到家后，阿苗问小芳："你为什么不让我去逛街？"小芳说："上次你把我扔在玲玲家，晚上才来接我，我想妈妈。"阿苗想起来了，上次她把小芳放在邻居家去办事，骗她说一会儿就回来，结果很晚才到家，看来小芳是担心这次妈妈也晚回来。

半个月后，阿苗把小芳送到钢琴班学习，小芳对钢琴很感兴趣，学得特别来劲。每天都盼着快点到周六、周日，可以学钢琴。但是，小芳的兴趣只保持了一个月，阿苗再送她去钢琴教室就特别费劲了。每次阿苗带小芳来教室，小芳都缠着妈妈不去练琴室，阿苗只好陪着小芳在琴室待着。可是琴室太小，老师讲课时阿苗就没地方坐了，她要到外面等，可是小芳却不同意，拉着妈妈的手不放。阿苗说："小芳，你放心，我一定不会走的。老师讲完，我就进来陪着你。"可是小芳的脾气拧着呢，怎么说她都不同意。弄得老师、阿苗都特别尴尬。那一刻，阿苗真想抽小芳两嘴巴。

就这样阿苗在练琴室一直陪了小芳两个星期，小芳慢慢才答应阿苗在外边等。

阿苗的女儿和我女儿在同一个音乐教室，我们常常在等孩子时聊天。当她把孩子的任性讲给我听时，我说："小芳没有安全感，她不相信你。"阿苗叹口气说:"前年,我和她爸爸总吵架,后来离婚了,她可能是没有安全感。可是,现在只有我们两个在一起生活,她不应该不相信我啊。"

我笑笑说:"她没有安全感也许与离婚有关,但是她不信任你却是你的原因。就像你说的,你用欺骗的方法把孩子留在邻居家,我可以想象到小芳盼着你回来接她,可是却一直等到天黑。这个等待的过程让小芳感到非常无助,在心里也留下深刻的印迹。所以,你再把她留在朋友家,她才任性不答应的。而在这里学琴也是一样,开始时,你天天陪着小芳,小芳对你的信任刚刚建立,你又趁她不注意跑出去,我看好几次小芳都在这里苦等你回来。小芳对你的依赖和信任一点一点地失去,所以她后来拒上钢琴班,学琴就必须要你陪在练琴室,她要看着你,不让你走。"

听了我的一席话,阿苗略有所思地说:"可她为什么一定要让我陪呢?""也许她认为你也会像爸爸一样不要她吧!我觉得你得注意一下小芳的心理情况,什么事情都是事出有因,你不要单纯地看到小芳越来越任性,要找出她任性的原因啊,这样才能对症下药。"阿苗点点头说:"谢谢杨老师,我今天豁然开朗,我知道该怎么做了,就是要对小芳守信。"我说:"对,说到做到。"

我想阿苗一定是接受了我的建议,改变了对小芳信口开河的毛病。因为小芳不再强烈地依赖妈妈,妈妈提出的要求她欣然接受,我们也没有看到她在音乐教室任性耍脾气了。

8. 你是不是一个任性的父母呢

有的家长很奇怪,自己对孩子不打不骂,也不过分溺爱,可孩子怎么就爱任性呢?那这样的孩子我觉得是一面镜子,映照出来的就是他父母的行为习惯，也就是说，孩子的任性是跟父母学的。

其实在教育孩子上，很多父母都犯过任性的错误。只是家长常常去寻找孩子的错误，却很少回过头来看看自己。

我不说什么大事情，就说一些微不足道的小事吧，许多家长仰仗着自己是孩子的“老子”就可以肆意任性，甚至蛮不讲理。

那天我在路上走，在我前边有一对父子一边走一边聊天。小男孩个子挺高，像是初中生，父子俩聊着聊着，男孩的手机响了，男孩接起电话就聊开了。估计旁边的爸爸听出是女孩的声音，心里老大的不愿意，就说：“走路打电话最危险，有事明天到学校再说。”男孩没听爸爸的话，继续哈哈笑着聊得来劲。这位爸爸“夺”过电话就按了关闭键，说：“我给你买电话不是让你煲电话粥的。”男孩立刻大叫：“爸爸，你这是干什么啊？”他们已经站住不走了，我继续向前走，听到爸爸说：“以后不许你带电话了。”“爸爸，她今天受了老师的批评，与我有关，我安慰她一下，你想歪了……”后边的话我也不能驻足“偷听”，但是我想这对父子的散步聊天肯定是不欢而散了。

在这件事中，孩子没有做错，可这位爸爸却非常任性。就因为儿子和一个女孩聊电话时间长，他就武断地认为儿子在利用电话“聊情话”，就霸道地剥夺儿子持有电话的权利。他没有根据地乱发脾气，没经儿子允许就抢过电话，并且没有礼貌地挂断对方的电话，这些行为不是任性是什么？简直就是无理取闹。我看这位40多岁的爸爸耍起脾气来，像个4岁的小孩子，想怎样就怎样，不考虑儿子的年纪，不考虑在人来人往的大街上。

某天我和一群孩子聊天，其中一个孩子义愤填膺地说：“都说我们小孩任性，我看大人更任性。我爸爸下了班就上网打游戏，我要看电视他却不让，说是影响学习。可他熬夜玩游戏，妈妈让他休息他却不听。而且晚上睡觉他不爱洗脚，总是和妈妈吵架，还经常用不吃饭来要挟妈妈。”我们听了哈哈大笑，可是我却突然想到很多家庭的夫妻间这样的任性太常见了。夫妻间因为一点小事就互不相让，非要争出个理来,闹得整个家庭都不得安宁。而所有矛盾都是因为太任性,不懂忍让。

旁边的孩子却把父母的一切言行记在心上,近朱者赤,近墨者黑,耳濡目染的孩子也跟着学会了任性。

不做任性的父母,对孩子、对家庭都有益处。

首先当然是为孩子起到表率,遇事不钻牛角尖,要听取家人的意见,更不能忽视孩子的想法,要尊重孩子,和孩子建立平等民主的关系。

另外,家和万事兴呀!父母都不任性,不乱发脾气,不无理取闹,家庭生活美满幸福,给孩子一个快乐的成长氛围。

总之,在教育孩子的时候,请家长问问自己是不是在强迫孩子做事,你的要求是否合理,是不是在以自己的情绪为主导。慢慢你就会发现,孩子与你对抗的时候越来越少,他也会欣然接受你的建议了。

身边的故事 2-8

钟琴是个好客之人,可是她也最担心朋友来家里玩。为啥?因为她担心女儿在客人面前任性,让她尴尬又无奈。

有一次,几个朋友一大早就来到钟琴家做客,女儿不洗脸,不梳头,穿着睡衣看电视。朋友们坐在一起聊天,有说有笑,女儿却一脸不高兴地说:“阿姨,你们小点声说话呗!我听不到电视的声音了。”钟琴不高兴地瞪了女儿一眼说:“瞧她像个大疯子似的,脏死了。”一个朋友摸摸女儿的脸说:“这小脸水嫩嫩的,真漂亮。”女儿却推开她的手说:“阿姨手脏。”弄得朋友好尴尬。钟琴大声呵斥女儿:“不懂礼貌,怎么和阿姨说话呢?”女儿扭头进卧室了,又摔东西,又扔书的,弄出很大响声。

钟琴知道,这孩子又要耍脾气了,她不想因为管教孩子让朋友难堪,就像没看到似的继续和朋友聊天。

过了一会儿,钟琴要和朋友们去参加婚礼。钟琴让女儿去洗脸、梳头，打扮一下，和大家一起走。可是女儿说什么也不洗脸，钟琴哄也不行，吓唬也不好使。朋友们也跟着劝，可小家伙油盐不进，就是不洗脸，眼泪一道一道地，满脸都是，哭声一声比一声高。钟琴气得脸都绿了，眼看婚礼时间就到了，钟琴不能让大伙着急啊，最后，只得同意女儿不洗脸出门了。

出了门，女儿非要钟琴背，朋友说我来背。女儿却坚决不让，还非要妈妈背。钟琴无奈又沮丧，只好背着女儿下楼。

那一天，钟琴没心情参加婚礼了，她只想好好改改女儿的任性，但却找不到方法。

钟琴是我的朋友，我也早就见识了她家女儿的任性程度，应该用折磨人来形容！这孩子任性起来，谁说也不好使，不依不饶，有时候父母的巴掌都不能制止她的任性。

钟琴犯愁地和我聊这些时，我帮她分析原因，我说："你对孩子说到做到了吗？"她点头。"我看你严爱有度，应该不是原因。"我皱着眉头说。这时候，钟琴的老公来电话，大意是说今晚有应酬。钟琴一听不愿意了，在电话里就提高嗓门说："不行，不许去。就是不许去。你要是今晚去应酬，我就不让你回家睡觉。哼……"她狠狠地挂断电话。我笑着说："何必呢？只是个应酬，你老公又不会有什么事。""那不行，天天应酬都没人洗衣服了。"钟琴歪着头，不讲理的样子。

我看着她的样子，一下子想起她女儿耍性子的样子，我恍然大悟地拍了拍头，说："知道了，知道了，女儿的任性是跟你学的，她任性的样子和口气跟你一模一样。哈哈……""跟我学的？可我只在老公面前任性，又没和她任性。"钟琴不相信。"瞧你刚才打电话的凶样，那不就是无理取闹的任性吗！你在家总是这个样子，老公屡次被你降伏吧！你女儿在旁边都看得明明白白，她知道这招好使，就偷偷学来对付你们。像上次参加婚礼的事，不就是你被她打败了吗？"

钟琴一听，倒吸一口凉气："你说得有道理啊，我怎么没想到呢？我该怎么做？""改掉任性，做个成熟、讲理的成年人。"我言简意赅。

当然,成年人改正任性的毛病也需要过程,但是至少钟琴在思想上认识到自己的错误,成年人的自我控制能力可以让她战胜不良的行为习惯的。我相信,钟琴改掉任性,她的女儿也会改掉任性的。

9. 管教孩子与面子无关

俗语讲:当面教子,背后教妻。可家长往往在大庭广众下不好意思拉下脸来教育孩子,只能任孩子在公共场所或是外人面前任性、胡闹。就像上边讲的钟琴的故事,她的女儿很任性,可在客人面前她更任性。女儿知道妈妈在客人面前不敢对她太凶,因此她就更加肆意妄为。

这个道理很多家长明白,小孩子也是心知肚明。只是家长们碍于面子,只能在客人走后或是回到家里再教育孩子。可对于小孩子来说,管教是有时效性的。你在孩子犯错之后很久才教育他,他也许早就忘记了当时任性、不听话的情形了,而你还在气头上,喋喋不休地教训他,孩子也许会莫名其妙,觉得你小题大做呢?

因此说,管教任性一定要立刻、马上,只有在孩子犯错当中及时阻止,他才能加强对错误的认识,会牢牢记住这样做父母是不允许的。

当然在大庭广众下教训孩子,惹来孩子的哭闹,势必会引起旁人的侧目,若是你管教严厉,孩子哭得鼻涕一把泪一把,没准还会有人怀疑这不是孩子的亲生父母呢?可我觉得,不论是亲生父母还是养父母,在孩子的问题上,只要是正确的,就不能因为面子而延误教育,否则延误的有可能是孩子一生的问题。

女儿4岁时,我带她去超市买零食,这孩子每次都只站在糖果区不动。原来我没觉得吃糖的危害性,可那阵子女儿天天喊牙疼,而且乳牙也有多处黑点，这才引起我的重视，开始控制她吃糖。

但是这一次，女儿拿了一袋旺仔牛奶糖装到购物筐里，我立刻说："宝宝，今天说好不吃糖的。"说着就把糖放了回去。女儿撅着嘴，满脸不高兴，伸手又去拿糖，说："妈妈，就这一次，最后一次。求求你了。"我坚决说不可以，小家伙眼泪就掉下来了。我立刻生气了，说："除了糖什么都可以，如果你不要好吃的，咱们就走吧。"女儿哇哇大哭起来，还是站在糖果区不走，我拉着她就走，可女儿拗着不动，我们僵持在超市门口。

这时店老板问怎么了，女儿哭，我虎着脸不说话。但是我们这样僵着影响人家做生意啊，我就硬抱着女儿往外走，女儿使劲挣扎，老板娘说："今天这娘俩较上劲了。"等我把女儿弄到外面，气得我心怦怦跳，说："少吃糖是为了你的牙，以后坚决不买。"说完就往家里走。这时候女儿见"大势已去"，也不哭不闹了，跟在我后面喊："妈妈，我错了。"我于是拉起她的手说："这才是个好宝宝，牙疼多难受啊！你忘了疼得哇哇哭了吗？"

这次超市的当即教育效果非常好，以后在超市买东西，她只是站在糖果区留恋地看着，也不会任性地要买下了。再去那家超市时，老板娘还记得我们，问："这次听妈妈话了。"我笑而不语，女儿甜甜地说："吃糖对牙不好。"

我知道，上次在超市阻止孩子买糖，一定会引起老板娘的议论，可我为改正孩子任性的毛病，只管做自己的事让他们说去吧！而女儿的奶奶就做不到这一点，她带女儿去超市时，每次都买回糖。奶奶说："她要我只能买，要不人家以为当奶奶的真抠门，连一元钱都不舍得花。"我只得无奈地摇摇头，而女儿也常常会利用奶奶的"面子"让自己吃到糖。

在前面也介绍了，孩子会拿成年人的"软肋"来达到自己的目的，而若是家长只顾及面子而在公共场所纵容孩子的任性，那只会让他们的计谋一次次奏效，而这个任性的坏习惯也就牢牢地在孩子那里建立起来了。

但是,在公共场所或是外人面前管教孩子也要注意一条原则——不要伤害孩子们的自尊心,更不能在外人面前羞辱孩子。

就比如我在超市管教孩子时更多的是沉默,而若是一味地指责、谩骂,甚至是“打”都会让孩子受到伤害,这样做孩子可能会更任性。孩子5岁以后就有了很强的自尊心,很容易受到伤害,因此家长在这种情况下管教孩子一定要有足够的耐心,让孩子明白不能做的事就是不能做,要给出孩子充分的理由,千万不要把自己的情绪带到其中,要就事论事。更不要把自己管教孩子的理由跟四周的人说,我们只要达到阻止其任性的目的就可以了,不需要其他人的参与。

总之,教育孩子是我们的责任,但同时保护好孩子也是很重要的。正如高尔基说过:“爱孩子是连母鸡都会的事,教育孩子却是一门艺术。”希望家长们要把握好当下教子的尺度。

身边的故事 2-9

和同事安然闲聊时,她说最担心的就是带孩子逛街。孩子看到什么都要买,不给买就任性耍脾气,弄得好没面子。

她说有次本来是去买衣服,结果孩子一会儿要个冰激凌,吃了一半又要饮料,还没喝完又要吃烤肠。孩子拿不了这些还没吃完的零食,只好给安然拿着,去挑衣服时,冰激凌掉在店里,饮料洒在人家衣服上,安然只得给人赔钱。衣服没买成,却惹了一肚子气。她说:“下次,我坚决不会带孩子出门了。”我笑着说:“那你还永远把他关家里啊!其实,你完全可以拒绝他买那些零食。”安然一惊一乍地说:“那怎么行,他非在地上打滚耍泼不可,那多丢人啊!”我说:“说实话,你不可能一辈子不带他出门,那你是想一次没面子,还是永远让他任性下去?”安然摇摇头说:“我知道任性的毛病不好,可孩子只在公共场所任性,在家里挺听话的。”“那当然啊,孩子也知道你在外面怕丢面子啊!但是这样下去,就是在外面的极度任性也不好啊!”

估计是安然觉得我说的话在理，她也决定改掉孩子在公共场所任性的毛病，双休日她特意带孩子去逛街试一试。

巧的是我们在商场里相遇了，安然冲我挤挤眼，我就明白了她的意图。她拉上我，我们边走边聊。

我们来到一处玩具摊位前，安然的儿子不动地方了，指着那把宝剑喊着："买，买。"安然立刻拒绝："不买！赶快给我走。"说着拉着儿子就要离开。可是这家伙都习惯了，他了解妈妈的"软肋"，就故伎重演，坐在地上哭着喊："我要买，我要买。"商场人很多，立刻就有人被小家伙的哭闹声引过来，有的人说："就给他买吧，钱也不多。"店老板趁机说："好了，小朋友不哭，叔叔赔钱卖给你。"说着就把剑送到小家伙怀里，跟安然说，"看他这么喜欢我打八折。"好像安然不给买是因为价钱贵似的。我站在旁边都觉得极其尴尬，真想立刻从这里消失，可想而知安然更生气了。她从孩子怀中抢过剑塞给老板，硬拉起儿子就要离开，说："不是因为钱贵不买，就是要改改你这个任性的毛病。哼！我还治不了你了呢！就知道在外面使性子，一会儿告诉爸爸，让他收拾你……"小家伙一听，不但没安静，反而更来劲了，妈妈向前拉，他向后退，两人像拔河。很多人来相劝，竟然有老人要替孩子买那把剑。可把安然气坏了，眼瞅着这情景不能收场了，我连忙掏了钱买下剑，送给这个倔强的小家伙，这才就此让"闹剧"结束。

第一回合的较量，安然失败，孩子胜。

我们回去总结经验，我说："看来，孩子不同，教育方法也不同。你得改变策略。"于是，第二天，我们又带着孩子去逛街。

天挺热的，孩子吃了冰激凌，喝了半杯饮料，可是看到果汁，还要买。安然刚要强硬说不行。我摇摇头，她连忙蹲下，搂着儿子说："儿子，先把饮料喝完再买果汁，否则拿这么多东西，又该洒得到处都是了。"儿子想了会儿，还是倔强地说要喝果汁。我知道就算孩子明白道理，可是任性已经形成习惯，妈妈必须得听他的。安然又严肃且一字一顿地重复完理由，就不再理会儿子了。我们俩站在一边假装聊天，我突然说："小子，我们要去那边了，你去不去？"安然没看他，小家伙还硬着嘴说要喝果汁。安然一听立刻转身要走，我对小家伙说："妈妈走了，快追。"小家伙"哇"地哭着追妈妈去了。我在后边偷笑，哭是正常的，但是他没买成果汁就是我们胜了。

第二回合，我们找到了对付小家伙的办法——讲道理，冷处理。安然胜。

后来，一次、两次……安然与孩子经历了多次的"斗智斗勇"，彻底改掉了儿子在公共场所特别任性的毛病。

10. 孩子任性起来，如何让自己不生气

孩子不听话，无理取闹还乱发脾气，让家长面对这样的孩子保持好脾气，那实在是太困难了。

本来大人就辛辛苦苦工作一天了，回到家里还要忍受孩子的气，当家长的怎么这么苦啊！但是孩子任性的毛病也不是天生的，都是他们在成长过程中逐渐养成的。有的孩子任性是因为认知水平不够，有的是家长迁就、宠惯出来的……总之任性的形成，家长也要负有责任，所以，孩子任性时，你火气比他都大，那就是"以任性制任性"，教育效果一定非常差。

所以，不管孩子的任性让你多么气愤、恼火，你都要努力克制自己的情绪，在理性的情感下处理问题。

控制住火气，任凭孩子怎么折腾，你只是静静地待着，孩子闹一会儿就会无所适从，反而对你的冷静感到奇怪。而且，你也不会因为火气大而对孩子做出一些过分的行为。就像电视节目中经常有报道，父母因为一怒之下把孩子打伤，或是说了语气过重的话让孩子离家出走、自杀等，这些悲惨事情的发生，都是父母在孩子犯错时没能

控制住情绪，造成永远无法弥补的错误。而且，我们都有过经历，在生气状态下什么话都说得出口、下手也比较狠，并且自己根本不知道自己在干些什么。

而且任性孩子的特点是你越与他较真、越有人配合，他就越起劲。所以，冷静处理，心平气和，是有效制止任性的最佳办法。

那么怎样才能忍住火气呢？这与人的性格有关，也与家长的心态有关。

其实不知道大家是否发现，不论哪个家长面对别人家孩子的任性总是能保持住心平气和，不论那孩子怎么任性，都能用极大的耐心去哄、去劝。这是为什么，就是因为那不是自己的孩子，在自己的心里没有过高的期望和与孩子共存的荣辱价值观。而面对自己的孩子则心态不同，每个家长都希望自己孩子是最棒的，可孩子的表现却总是事与愿违，家长的期望屡次被打破，恨铁不成钢便会产生不可抑制的火气。

而也有些家长面对孩子的坏成绩不为所动，无所谓的样子，那是因为这些家长已经气过了，他们明白生气也没有用，因此看到坏成绩仍旧是风轻云淡的样子。

所以说，面对孩子犯错、任性，家长的心态决定你的火气有多大。

而在这里我就告诉家长，任性行为是每个孩子都有的行为，任性也不是孩子的专利，你有时候更任性。所以面对孩子的任性你不需要发火，那是正常现象，你要用平静去化解他们的火气，切不可做火上浇油的事。

如何做到平静却是关键。你可以试着深呼吸，在心里反复默念：不生气，不生气。也可试着转移一下注意力，不要专注于孩子的某个过错，让自己平缓一下心情再说。

就比如说孩子任性的最大特点——哭。你若把注意力关注在孩子的哭上，你会越听越烦，被哭声搅得心里一团麻，心中的气自然是越听越大。孩子在一边哭，你可以去看电视、看书、做家务……总之，把自己的注意力转移掉，哭声还在继续，但你却不觉得那么刺耳了。

我就是用这种办法制止女儿的哭闹的。当我不再关心她的哭泣时，孩子觉得哭着没劲，她自己就停止哭泣了。而我的一位同事最受不了的就是孩子哭，孩子一哭，她就生气，常常扬起巴掌，可打过还后悔。我把方法告诉她，她说没那好脾气，做不到。我说，那是你不想改变。

是的，为了孩子，当家长的什么都要改变，只要对孩子有益就行。我们要把对孩子的关爱和用心良苦用在“刀刃”上，这样家长的付出也会有收获。

还有就是生气对自己的身体非常不好，据研究，人生气那一刻所产生的毒素能毒杀死一只小白鼠。谁家的孩子不犯错，世界上哪有十全十美的孩子呢？所以说，有时候家长生气就是在害自己，对孩子也没有意义。所以，希望家长在看到这个内容时，彻底改变一下自己的性格和心态，面对孩子的任性不生气，但要严厉引导孩子改正不良习惯。

身边的故事 2-10

邵严的火暴脾气是出了名的，那脾气沾火就着，消防队员都浇不灭。家里人都知道他这个脾气，尽量少惹他，可邵严的儿子调皮又任性，常常成为引起邵严发火的导火索。

这不，休息日，邵严儿子小杰一大早爬起来就看动画片，脸不洗，饭不吃，作业也不写。邵严即将要去上班，他看小杰一边看一边还哈哈笑，这气就不打一处来。本来他都走到门口了，可他又折回来，“啪”就把电视关掉，指着小杰一顿痛骂，小杰还几句嘴，邵严的大巴掌就打下来。小杰疼得哇哇叫，哭着去写作业了。邵严上班已经迟到，带着气来到单位，一天心情都不爽，干工作也总出错，被领导骂。他苦涩地想：在家骂儿子，到单位就被领导骂，难道这就是风水轮流转？

可是，邵严刚走，妈妈出去买菜的工夫，小杰又去看电视了。邵严脾气再火暴也不可能永远跟在孩子身边啊！看来，他早上的火是白发了。

时间久了，小杰摸透了邵严的脾气，邵严批评他时，他不再顶嘴，可依旧我行我素。邵严喝醉时说："管教孩子这活比干什么工作都费心。打也打了，骂也骂了，就是不听话，还能怎么办？"

但邵严没有想到改变教育方式，他只是想是不是自己对孩子的惩罚程度还不够。这天，小杰因为没完成作业被老师找家长，邵严气得牙齿咬得咯咯响，他劈头盖脸地问小杰："为什么不完成作业？"小杰说："我写完了，作业本放在家里让妈妈当垃圾扔了。"邵严打电话给妻子，妻子回忆说是扔过东西，但没有小杰的作业本。邵严说："你还学会撒谎了。"说着就在小杰脑袋上拍了一下，老师急忙劝阻他不要打孩子。可邵严火气上来了哪还停得了，他看小杰不认错的样子，又踢他两脚。这时学校走廊里过往的同学很多，都看到小杰被体罚，小杰气得呜呜哭，愤愤地跑出学校。

那天小杰没回家，邵严急得够呛，后悔在同学和老师面前打小杰。可是他找了很多地方也没找到孩子，就报了警。3天后，警察在郊外的一处土房子里找到了小杰的尸体，身旁还有小杰的信。上面写着：爸爸那么不喜欢我，我没法再活下去了，妈妈我想你。邵严拿着信捶胸顿足，泣不成声。他悔不该发那么大的火，逼孩子走上绝路。可是一切的悔恨都于事无补，小杰永远也听不到爸爸的道歉了……

11. 你们的"战争"也许是一场误会

俗话讲：五六岁的孩子讨人嫌，七八岁的孩子讨狗嫌。孩子渐渐长大,自己有主意,不听爸妈的话时,一场“争执的战争”开始了……可是,也许你们的“战争”却是误会引起的。

一个小男孩在家里戴手套,妈妈说戴手套热,一定要让他摘下来,小男孩就是不摘,妈妈生气打了他。孩子哭了,妈妈也被气得够呛。

在这个事件中,小男孩为什么一定要戴手套,难道他不知道在家里戴上它会热吗?妈妈没有问,男孩也没有说。后来,这位妈妈才知道,小男孩戴手套是想学着妈妈从微波炉里取东西。看吧,如果这位妈妈能心平气和地问一声“为什么要戴手套”,孩子就会说明原因,那也许会成为一个很好的亲子活动,妈妈和孩子一起从微波炉里取东西。而成年人常犯的错就是:以自己的观点、想法去设想孩子的做法。

大人们惯用强制要求孩子不去做某件事,孩子也有自己的个性,他们不理解父母为什么不让他去做。就像戴手套这件事,男孩会想:妈妈可以戴,我怎么就不可以呢?有这样的疑问,孩子就会从心理上拒绝妈妈的要求。然后,一个不让做,一个偏要做,任性与反任性的“战争”开始了。

但是,成人和孩子间的“任性大战”却完全可以因为一句话而改变。而往往那句“为什么要这样做”却被成年人给忽视了。他们常常是在用自己的想法来揣度孩子为什么要这样做。

所以,在这里,把“了解”作为改掉孩子任性习惯的方法之一,原因就是,孩子的任性不是天生就喜欢与人作对,喜欢拧着干,他们每一次的任性都是有原因的。而只有爸妈们能够在第一时间明确孩子任性的理由,才会及时地解决任性。

当然,能够让孩子说出任性的原因,也不是单纯的“为什么”3 个字就能解决的。如果,父母平时很少和孩子沟通,常常是命令似的交流方式,孩子任性起来,即使你问他/她“为什么要这样做”,那孩子也未必能说出真正的原因。因此,和孩子养成一种良好的沟通氛围是至关重要的。

我记得女儿刚入校的时候，每天都和我聊她在学校的趣事：今天和谁一起玩游戏了，今天谁和谁又在一起吵架了……每天女儿都要提到同桌的名字，我担心她和同桌总在玩，会分不清是上课还是下课。如果上课时也玩，不就养成错误的学习习惯了吗？所以，当女儿再提到同桌的名字时，我就会说："上课时可不许玩啊！"开始时，女儿会认真地说："我知道了。"可是我还是很担心。又过了好久，有天我突然又问她："这几天和哪个小朋友玩了？"女儿立刻警觉地问："怎么了？"她没有直接说出小朋友的名字，而是反问我原因，我一下子意识到，我们的沟通不那么顺畅了。我连忙说："没什么，就是随便问问。我想听听你在学校的趣事。"女儿这才又兴奋地讲她和同桌、和其他小朋友的事情来。而这一次，我也没有再重复那句话。

在我和女儿的这件事上，我开始也犯了一个错误，就是以自己的观点去判断孩子。在我这里，我是从孩子的角度去考虑，担心她和同桌玩会影响学习。可是，在孩子看来，和谁玩、什么时候玩并不是一回事。如果我总是因为孩子讲她在学校玩的情况而批评她，那么，女儿就懒得再和我讲那些事情了。我们之间的沟通有了障碍，时间长了以后，她就不会再信任我，更不会跟我讲"她为什么要这样做"的原因了。

因此，在这里，我们又发现：能够了解孩子，知道他们为什么要这样做，前提是我们要让孩子信任我们。

我很喜欢换位思考，跟孩子也是如此。在我的所有朋友中，有的可以跟他们说心里话，而有的却不可以。那到底我能跟谁说，自己心里都有数。我有烦心的事、不顺心的事、难以启齿的事，会找那些可以说心里话的朋友们，而绝对不会向不可以说心里话的朋友们吐露半个字。这个道理成年人都知道，难道小孩子就不清楚吗？一个5个月大的孩子就能分辨出笑脸和生气的脸，那我们的孩子当然也知道该向谁倾诉心里话了。

如果家长们能理解这个道理，那孩子不和自己说“为什么这样做”就要从自身找原因了。平时是如何跟他们沟通的？在孩子的心目中，你是他们可以信任的人吗？如果，在孩子心里，我们是照顾他们衣、食、住、行的父母，又是一个值得依赖、可以说出心里话的朋友，那么，我们就能很顺利地了解到孩子任性的原因，从而对症下药了。

身边的故事 2-11

天气渐冷，妈妈带着5岁的女儿暖暖去商场买羽绒服。本来，母女俩兴高采烈地从家里出发，一路上暖暖还和妈妈商量着买什么颜色的羽绒服呢！可母女俩竟然因为一件小事没买成羽绒服，还让暖暖住进了医院。暖暖妈再次讲起事情的经过，言语中流露出无比的悔意。

那天，母女俩走进商场，妈妈在一楼的化妆品柜台转了好几圈，买了几件化妆品后去三楼的童装区。因为收银台正处在楼梯旁，妈妈想反正是二楼，就牵着暖暖的手一步一步走上楼。可她们刚走到一楼的拐弯处，暖暖的小手从妈妈的大手中抽出，站在那儿不动了。妈妈问她：“怎么不走了？想去厕所吗？”暖暖摇头说：“走那边。”她的小手指向商场外。“去那边没有羽绒服，暖暖不是要漂亮的衣服吗？楼上才有呢？快走吧！”暖暖妈耐心地跟她讲。可是暖暖还是不走，说：“走那边，走那边。”这时，妈妈有点急了，嗓门有点提高说：“都说好了去买羽绒服，不买羽绒服冬天你会冻坏的。怎么这么不听话呢？”暖暖看妈妈生气了，她也大声喊：“我要去那边买，就要去那边买。”小家伙跺着脚，甩着手。从旁边经过的人看暖暖在发脾气就问：“小姑娘，怎么了？不听妈妈话，打屁股。”暖暖一听，更急了，转身就要往楼下走。妈妈气得火气冲天，喊道：“暖暖，你给我回来。”暖暖像没听到似的，加快了下楼的速度，可她一脚踩空，滚落到楼梯下。

这下妈妈也没心思再教训暖暖了，赶紧把孩子送到了医院。结果，暖暖右手手臂骨折了。妈妈后悔地说：“你说，她今天不想买羽绒服我就同意呗，何必弄成这样呢？也怪我脾气不好，唉！真后悔啊！”

暖暖妈是我的同事，我去医院看望孩子，听了同事的讲述后，我问暖暖：“暖暖，告诉阿姨，你为什么不跟妈妈走呢？”暖暖说：“我想走那个自己就能上楼的楼梯。”小家伙一句话让妈妈恍然大悟，她叫道：“你这孩子，也没说清楚啊！真是的，这次受伤也太不值得了。”我回忆着同事讲述的事情经过，问她：“你好像从头到尾都没问过暖暖‘为什么不走这边啊’！你看，你问的话都是你自己的猜测，而暖暖只是按着你问的话在摇头。”“可是她没说清楚要干什么，她总指着外面，我还以为她要离开这儿呢？”我听了说：“你看看，又是‘你以为’。你的想法就一定是孩子的想法吗？再说了，你知道那叫电梯，小暖暖可不知道吧！所以，我看这件事你要反思一下了。暖暖不听你的话，是因为你没理解她的意思。”同事听了，皱着眉想了会儿点点头说：“这样分析，看来我真的错了。”

12. 让孩子感受到父母的爱

美国教育家保罗·孟禄指出：“父母给孩子的爱，只有让孩子感受得到，孩子才会体验到在爱的怀抱中，才会感受到幸福与安全，才会对父母心生感激，听父母的话，减少与父母对抗的行为。”

其实，世上哪有不疼爱孩子的父母呢？但就是因为爱有很多表达方式，而某些父母对孩子的关爱让孩子看不到、感受不着，在他们的心里就会片面地认为父母不爱他们，父母提出的一些要求就是对他们故意刁难，父母整天看他们不顺眼，他们认为自己怎么做父母也不会满意……这些积怨如一颗定时炸弹在孩子心中日积月累，开始时他们只是深埋心中，但随着年龄增长，他们就会用不听话、任性来对抗父母，那颗定时炸弹随时都有被引爆的可能。

我们在一些新闻报道中看到孩子弑杀亲生父母，震惊之余，更多的是深沉的思考：是什么样的深仇大恨让孩子把血淋淋的刀举向父母？父母又做了什么事能让孩子有如此大的仇恨呢？人之初，性本善。面对这样的悚人事件，我们不能过多地批评孩子们，而是要反思一下问题孩子背后的问题父母们。

如果孩子们明白父母所做的一切都是为了爱他，那孩子们怎舍得举起刀呢？爱就要说出口，爱就要让他们感受到、体会到。

那么家长可能要迷糊了："我辛苦工作挣钱给孩子花，不缺他吃，不缺他穿，我哪里不爱他，他凭什么恨我啊？"是的，家长的想法没有错，但这番话还是只站在家长的角度去考虑。而在孩子看来，他接受父母给予的物质基础是天经地义的，幼小的他们还不懂得父母的养育之恩的意义。因此你若是跟他们讲这些，他们未必听得懂。

而在孩子看来，家长最爱与之谈论的就是关于学习、成绩，管得最多的就是孩子的自由，不许看电视、不许玩电脑、不许乱交朋友、不许在马路上乱跑、不许不刷牙睡觉……太多的不许就是很多父母与孩子交流的内容，孩子永远是站在被管束的位置上。而若是孩子的成绩不理想，或是在校受到老师批评了，在父母眼里这样的事就是最大的事，甚至可以惊动家庭中的所有成员对孩子"关心"，但是孩子每天的心情好不好，最近是否遇到什么烦恼事，孩子心中最想得到什么……孩子最关心的问题却被家长忽略，不闻不问。

你们说，在孩子看来，这是对他们的爱吗？家长只关心的是孩子的成绩，孩子成绩好就会被四处炫耀，孩子仿佛成了家长面子的标志，所以才会有一些孩子就是喜欢跟父母叫劲、任性了。

比如说一个出差几天刚到家的爸爸，他不先问问孩子这几天过得怎么样？有没有想爸爸？进门就喝令："又在看电视，作业写完了吗？"这样的见面礼让谁都心情不愉快，孩子语气不悦地说："没呢？""没写完就看电视，我上学那会儿可不像你这么让人操心。"爸爸把包一扔，就把孩子推到屋里，关上门，"快写作业。"然后，爸爸往沙发上一倒，点着烟，他悠闲地去看电视了。

大家瞧瞧这位爸爸，是不是挺可气的。出差回来的第一件事就是管孩子写作业，他把孩子赶走，自己去看电视，这在孩子心目中只会是自私的表现。这样的爸爸根本没有威信可言，孩子当然会任性并与之对抗了。可是我们知道这位爸爸同样也是爱孩子的，只是表达方式完全错误了，才会让孩子误会，如果这样的误会不解除，这对父子之间的矛盾将会越来越深，孩子的逆反心理也会越来越严重。

所以说家长要把对孩子的爱真真切切地表达出来，让孩子深深地体会到。爱他就要说出口。

其实，对孩子表达出你的爱并不难，我很喜欢外国人感情交流的直白，不论是父子、母子还是爱人之间，都会把“我爱你！”3 个字挂在嘴上，而我们的家长只有在孩子幼儿阶段说说这 3 个字，随着孩子渐渐长大，父母为了维护自己严厉的形象，常常把“我烦你”挂在嘴上。这样的表达方式能让孩子觉得你是爱他们的吗？看到这儿，你可以立刻跟自己的孩子说一句：“宝宝，我爱你。”不论孩子现在有多大，他们永远是我们最爱的宝贝，我相信这充满神奇力量的 3 个字一定会给你和孩子间带来新的变化。

另外就是与孩子尽量多地在一起，不要聊学习，聊聊孩子的朋友、学校的老师，这些是孩子在家庭以外所接触的人，那也是孩子成长过程中最重要的部分之一。

最后是建议家长对孩子多些宽容。人无完人，你对孩子寄予再多的厚望，也要符合实际。不要把自己的意愿强加到孩子身上，给孩子多些努力的时间，多些宽容，这才是爱孩子最有力的表现。

身边的故事 2-12

田静夫妇靠四处打工维持家庭生活开支。女儿雯雯，是田静夫妇的全部希望。田静没考上大学，她最大的心愿就是让女儿考入上海复旦大学，那是田静的梦想。

不过，现在看来已经三年级的雯雯学习情况还不错，年级考试总是排在全校前五名，这让田静很欣慰。她常常对女儿说："好好学习，将来不要像妈妈爸爸一样四处打工，你长大至少要当个金领。""什么是金领？红领巾是金子做的吗？"雯雯问。"不，是一份好工作。"田静很向往地说。

为了女儿，田静什么脏活累活都不怕，不管她在外面受多少气，只要回家看到雯雯甜甜的小脸，她就幸福极了，所受的气立刻就烟消云散了。

可是这天，雯雯打电话回来说要晚些回来，去同学家开生日会。但田静没想到，晚上9点了雯雯才回来。田静很生气，说："以后不许去了，下午英语班没去，作业也没写，就知道玩。"雯雯不高兴地说："那是我的好朋友，我一会儿就写完作业。""还敢还嘴了，我说你几句心里不服啊！我们挣钱供你上学容易吗？我这样管你还不是为了你的将来？"田静的这番话，雯雯都能背下来了，她烦躁地关上门，心情不爽地写作业去了。

哪知第二天田静又开始唠叨昨晚的事，雯雯实在忍不住了，说："好了，妈妈，别唠叨了，我知道了。"田静虽不说那些，又没好气地说："把被子叠完再吃饭。"雯雯像没听到似的，吃了饭就走，没跟妈妈说一句话。气得田静骂道："真是儿大不由娘，开始任性了。"

转眼雯雯四年级了，田静对她的要求更高了。可孩子渐渐长大，交往的圈子越来越广，这母女俩的矛盾也愈演愈烈。田静对雯雯的要求，雯雯越来越抗拒，有时候田静背地里伤心地哭，她为了雯雯什么都可以付出，可这孩子逆反心理也太强了，总是跟她作对，这孩子怎么这么不懂事呢？

后来，"不懂事"的雯雯竟然学会了旷课。当班主任给田静打来电话时，田静气得手脚哆嗦，差点晕过去。晚上，田静没有做饭，雯雯知道妈妈生气了，她躲在屋里不出来。田静忍不住了，把雯雯拉出来一顿骂，雯雯抬起头说："骂够了吗？我睡觉了。""你……"田静被雯雯气得眼泪都掉了下来，她实在是忍不住了。田静一直在雯雯面前都表现出最坚强的一面，可是今天这孩子太气人了。“雯雯，你给我说清楚，我哪儿对不起你？你为什么要折磨我？”“好吧，既然你想知道，我就说吧！”雯雯说，“以后，我不再是你梦想的延续，我要去创造属于我自己的未来。你根本不喜欢我，也不用再挣钱供我吃穿了，我自己去打工挣钱。”“我做的这一切都是为了你，你竟然说是我的梦想。”“你根本就是为了你自己，你整天只查看我的学习，干涉我的自由，我虽然是您的孩子，但不是您的附属品。”雯雯已经不想再和田静交流了，她转身回屋，锁上了门。

那晚，田静以泪洗面，她也想不明白女儿为什么要有这样的想法，她不知道该怎么办了？

其实，田静和女儿的问题很明了，田静觉得女儿不理解她，女儿觉得妈妈不懂她。两个人都没有站在对方的角度去考虑问题，而造成这种情况的原因就是田静和女儿之间没有清楚地表达出“我爱你”。只有爱才能理解，才能懂得，这是家庭教育中的一道连接家长和孩子的七色彩虹啊！

13. 孩子在乎你，才会介意你的生气

邓丽君在《我只在乎你》这首歌中唱道：任时光匆匆过去，我只在乎你，心甘情愿感染你的气息。人生几何能够得到知己？失去生命的力量也不可惜……这首歌唱出了一个人在乎另一个人的真实感受。

我们常常把“在乎”用于情人之间，当一个人爱上了另一个人，另一个人的一切都是他（她）最在乎的东西，他（她）的一个瞪眼、一句无关痛痒的话、一个皱眉……都会令对方牵肠挂肚，辗转反侧。他

(她)为什么不高兴？是不是我哪儿做得不对？这是热恋中的人们最爱琢磨的事。可见，“在乎”之情有多么重要，它把两个人紧紧地联系在一起。

我们知道，结了婚的两个人，最“在乎”的是爱的结晶——孩子。孩子的一切成为我们生活的全部，我们都要围绕着他/她来决定自己的作息生活表。可是，大家有没有想过，孩子也应该“在乎”我们，只有“在乎”，他们做事情时才会考虑父母的感受，任性的时候看到我们不高兴的样子，才会有所“收敛”。

反之，孩子根本没把我们当回事，他们想做什么就什么，想怎样任性就怎样任性，我们的生气、愤怒，他们都无所谓。在他们看来，任性就是挨顿骂、挨顿打，事情也就过去了，我们还是他的爸爸和妈妈。然后，过一阵子，他们又犯错，我们再生气，似乎进入了一个恶性循环的怪圈，谁也不知道遇到什么情况才能让大家走出来。

因此，要终止这样的恶性循环，就要让孩子“在乎”父母的感受。当孩子再次任性时，遇到了父母生气的样子，他/她会因为“在乎”父母的感受，会因为爱父母，会因为不想让父母生气，自觉地停止胡闹，以自我约束的方式来控制任性的发展。

其实，我们不难发现，有些孩子的任性是故意的，他们因为不满父母的一些行为，用任性来反抗。这个时候，父母表现得越生气，孩子们越高兴，因为这是他们设下的计，他们觉得父母不让自己高兴，那他们也让父母不痛快。不要说这样的孩子没良心，他们也是弱势群体，这是他们发泄不满情绪的无奈之举呀！

若孩子是“在乎”父母的，就不会发生这样故意而为之的任性。“在乎”的前提是爱，是喜欢，父母在孩子心目中必定是占有很高位置的。这样的父母有威信，懂得尊重孩子，是孩子的朋友，值得孩子信赖。所以，做让孩子“在乎”的父母，除了让孩子感受到你对他们的关爱外，还要做让孩子喜欢的父母。

从某个组织的问卷调查中可以了解到，在孩子心目中，最烦恼的一件家事或问题依次是：父母的唠叨，管得太严，没有自由，家庭不和睦，父母脾气暴躁，父母太严肃，父母不理解我。而在另一份，根据中国家庭教育学会和儿童网络社区“盒子世界”推出的“2010年度儿童调查”的结果显示：孩子们最喜欢关心体贴、和蔼可亲、爱护子女、理解子女的家长。最反感的是严厉粗暴、修养差、不通情达理的家长，而且绝大多数孩子特别厌倦的就是母亲的唠叨。

根据这项调查记录，家长能否发现自己的不足呢？在孩子最烦的事情中，你是那样的人吗？

我觉得，作为现代家长最应具有时代精神，要与时俱进。既然我们发现了自己的不足，就要努力改正，做一个让孩子喜欢的家长。孩子喜欢我们、爱我们，才会非常“在乎”我们。

这个时候，当他们因为认知不够而任性时，当父母提出阻止后，他们一定会欣然接受建议，立刻改正的。因为，他们知道，这样做能让自己最喜欢、最在乎的人高兴，他们愿意看到喜欢的人露出灿烂的笑容。

身边的故事 2-13

夏天的傍晚，家长喜欢带着孩子在广场上玩，孩子们跑跑跳跳，家长们在一旁聊天，其乐融融。

过了一会儿，音乐喷泉开始了。家长和小朋友们都聚到喷泉旁边，听着音乐，看着喷泉里自下而上的水。水时而快如闪电，时而如慢慢盛开的水花，时而又像倾盆而下的雨帘，非常有趣。

有一些小朋友自带来雨衣、雨伞，站在喷泉中间，当广场地下的水向上喷涌而出，后又落下时，正好淋在他们身上，这让他们既兴奋又刺激，玩得不亦乐乎。

旁边有些没有雨衣、雨伞的小朋友羡慕极了，他们也想到雨幕中玩，他们不考虑衣服湿后会怎样，但是身边的父母却坚决不同意。虽是夏天，但衣服淋湿了也会着凉生病啊！有几个小朋友被父母紧紧地拉着，他们在水柱旁边耍脾气，有的甚至冲到水中，爸爸也跟着冲进去，硬是把他给抱回来。可是进去一次，浑身就会湿透，这父子俩水淋淋地走出来，爸爸气急败坏地把儿子放到地上，踢他一脚说："你这孩子怎么这么拧巴，说衣服会湿你不信，现在把我也弄湿了，马上回家，以后不带你出来玩了。"儿子哇哇大哭，说什么也不走，"反正衣服也湿了，再让我去一次吧！"儿子央求道。"赶快回家，看我不揍你。"爸爸又踢儿子一脚。儿子坐在地上耍起脾气，看爸爸那眼神已经生气到极点了，也就是在外面，否则非要好好治治儿子的任性。

可是，在喷泉的另一边，同样也有一个男孩非常想到喷泉中玩，带他来玩的是妈妈。这位妈妈非常了解儿童的心理，她未等儿子说出想法就搂着孩子的肩细声地说："那里一定很刺激，妈妈也想去感受一下。可是没穿雨衣一定会把衣服浇透，穿湿衣服是很难受的，而且还会生病。感冒流鼻涕是不是很难受？"儿子点点头，他说："妈妈，你也想去呀？是不是特别好玩。""是啊！这样吧，明天晚上，咱俩把雨衣拿过来，一起进去玩怎么样？"妈妈出主意。"好啊！好啊！"儿子高兴地拍手蹦跳，可是他说："那我们今天到喷泉里站一下，然后赶快回家，好不好？"看来，儿子的好奇心非常大，他不想等到明天。妈妈听了，很严肃地说："妈妈已经跟你说明天来玩了，如果你还要进去，我只能带你立刻回家。"儿子听出妈妈生气了，立刻说："行，那我们今晚就看他们玩吧。妈妈，明天我们就站在那儿，那里的水柱像个心形。"妈妈拍拍儿子的头说："这才是妈妈的好儿子，得了感冒妈妈会心疼的。"

看看吧，同样的一件事，因为孩子对家长生气的反应程度不同，结果也不一样。而孩子能在乎妈妈的心情和感受，是父母在与孩子相处的点点滴滴中慢慢形成的。并不是说，家长偶尔的温柔、好脾气就能让孩子在乎你，而这体现出的是一个好父母的综合素质，但可以肯定的是，这样的父母一定是最受孩子喜欢的父母。因此，我们只有努力做个孩子喜欢的人，他们才能够在乎我们的感受。

14. 父母越温柔，孩子越优秀

这一堂课里，在我们所讲的关于孩子任性的形成原因中，我们可以发现一个共性，那就是不论是孩子心理逆反的引导，还是需要改正的错误教育方法，都需要父母对待孩子的成长过程要温柔，要有耐性。

不论是何种情况，父母都要温柔、温和、温暖地对待孩子，使孩子没有恐惧，没有无助，让他们通过父母的温柔感受到真切之爱，这样，在他们心中父母永远都会排在第一位。他们喜欢看到父母殷切的眼神，他们有向好的方向成长的动力，这一切都是温柔教育的力量。

孩子任性时，你温和但语气严厉地告诉他们，这样做是不对的，妈妈会生气。孩子就会对任性的事有所顾虑。若是你强硬、火爆地去制止孩子任性，他们的脾气反而会更倔强，这在前面已经举过很多的例子，这里就不再赘述了。

而且，父母用温柔的态度教育孩子，会培养出一个有耐性、有韧性、不骄不躁的优秀孩子。

就像朱德在《回忆我的母亲》里表述了母亲的温柔："母亲在家庭里极能任劳任怨。她性格和蔼，没有打骂过我们，也没有同任何人吵过架。""我应该谢谢母亲，她教给我与困难作斗争的经验。"

再比如说孩子第一次写字，可能会有些吃力，有的孩子会任性地扔掉笔，不愿再写下去。这个时候，如果父母温柔地鼓励孩子，耐心地教孩子，会给孩子莫大的自信。因为父母温柔的态度给了孩子无形的力量，他们不怕犯错，不惧困难，他们可以再次拿起笔，继续练习那方方正正的汉字。他们可能仍旧写得很吃力，但是他们有信心练好，因为有父母温柔的眼神在支持着他。而这样的孩子不论以后再遇到什么困难，父母温柔坚定的眼神永远是他背后最有力的支撑。而相反地，如果父母见孩子任性地不愿写下去，生气地去教训孩子："遇到点困难就退缩，真没用。写个字就这么费劲，以后你遇到的困难多了去了，你以为上学那么容易呢？"这样的话只会挫败孩子的信心，而且让孩子对上学更加恐惧了。

所以说，做个温柔的父母，孩子会更加优秀。而且温柔的父母有好耐性、好脾气，父母自身也可以修身养性。乱发脾气，火气大，更是养生之大忌，现代许多疾病如此泛滥，在很大程度上都是因为急火攻心所致。

但需要注意的是，温柔并不等于纵容和娇惯。温柔是家长教育孩子的态度，即使是批评孩子也要保持温柔、温和，它是与粗暴、野蛮相对立的。而纵容和娇惯则是无原则地放纵孩子的行为，那是家长教育行为上的错误。

身边的故事 2-14

小美非常喜欢妈妈，因为她觉得谁的妈妈也没有她的妈妈好。那次在商场里，有一个男孩不听话，他的妈妈狠狠地踢小男孩，小男孩摔倒在地上妈妈也不管，那个男孩真可怜。小美的妈妈就很温柔，即使她犯错了，妈妈也生气，也不喜欢她不听话，可是妈妈从来不那样凶。

有一个周日晚上，小美看动画片看上了瘾，不舍得关掉电视。妈妈说："小美，明天早上还要上学，你应该立刻关掉电视去睡觉。"小美嘴上答应着，可仍旧没有关电视。妈妈什么也没说，来到电视前就关了电源。小美刚要跳起来发脾气，妈妈却笑着说："哈，小美要瞪眼睛了，你还别说，小美眼睛瞪起来还挺大。可是你要是再看下去，明天上课时就得闭着眼睛听课了。"

电视也关了，小美没办法，只好去睡觉，可是她不想刷牙。妈妈不让看电视，她就不刷牙。小美嘟嘟囔囔地说："我不刷牙！"她知道这样做不对，所以她不敢大声说。妈妈听了说："噢，不想刷牙是因为没看成电视吧！心情不好了？"小美脸一红，说："没有，不是看电视的事。我明天早上刷。""行，你不刷我得刷，牙疼很难受的。"妈妈不管她，自己刷牙去了。

其实，小美也害怕牙疼，她小时候就曾疼得直哭，她站在卫生间门口不动。妈妈知道小美在想什么似的，说："小美，爸爸给你新买的纳爱斯牙膏味道怎么样？"小美说："甜甜的，橙子味。要不你试试。""好啊，咱俩一起试试吧！"妈妈趁势说。小美忘了刚才耍脾气的事，跟妈妈一起刷牙了。

小美刚学跳舞时，因为她没有掌握要领，侧翻总是翻不过去。在舞蹈班，她侧翻时摔倒了，被小朋友们笑。小美很难过，她喜欢跳舞，可是又怕被人笑，她不知道怎样继续下去。晚上，小美跟妈妈说："不想学跳舞了。"妈妈平静地问："为什么啊？你不是很喜欢跳舞吗？"小美犹豫了一会儿，说："小朋友们笑话我。"妈妈拍拍她的肩膀说："嗯，妈妈知道被人笑话的感受，挺不好意思的吧！可是，所有人学跳舞都要经历那个过程，他们可能都忘记了。再说，他们笑可能是因为你翻的姿势挺有趣的，并不是笑话你不会翻啊！再说，有一次有个小朋友压脚压错了方向，你不是也笑了吗？但是你并不是笑话她吧，只是觉得有趣，是不？"小美点点头，心情好了一些。"但是，妈妈觉得自己喜欢的事因为别人无聊的举动而停止是很不聪明的。我认为你应该继续学下去。"小美豁然开朗，她笑着说："是的，妈妈我还去学。"

下一次去舞蹈班，小美还是没翻过去，小朋友们都没有笑。可是另一个小朋友也没翻过去，她的妈妈却站在门口大喊："都学一个月了，还翻不过去，干脆别学了。"那个小朋友很沮丧，小美看着她不开心，觉得她好可怜，她的妈妈一点也不好。

舞蹈班结束后，小美妈妈照例来接她，小美搂着妈妈的脖子说："妈妈，你真好。"妈妈拍拍她的屁股说："宝宝也很好。"小美幸福地笑了。

第三堂课

孩子任性萌发期不能听之任之，善用妙方应对他的任性

课前导入

在我们看到了孩子任性的危害性和孩子任性形成的原因后，就要进入“应对孩子任性”的实战课程了。这一堂课主要是针对在孩子任性的萌发期，家长该如何用巧妙的方法纠正孩子任性的“恶习”。这些方法也许并不全面，但却是招招见效，只要家长们能用心体会，举一反三，定能够帮孩子养成一个良好的性格习惯。请家长结合自己孩子的性格特点，找到更适合自己的家教方法吧！

1. 对孩子哭闹反应过度，反会助长他们的脾气

孩子任性最大招式——哭。

孩子这一哭可不得了啊！眼泪跟断了线的珠子似的，噼里啪啦，小嘴张得老大，哭喊声可谓是惊天动地，委屈的抽泣样子令人心酸不已……这让家长那颗慈善、温柔的心怎能承受得了啊！“哎呀！我的小心肝，小宝贝，可别哭了啊！”家长急得汗珠直掉，宝贝哭得家长心如刀绞般难受，怎么办？怎么办？“好了，别哭了，别哭了，妈妈最怕宝宝哭了。”家长搓着手，不知道该怎么办。

可孩子从手指缝里却看到了家长焦急的表现，他得意地想：原来你们怕我哭啊！好，那我就要哭得更厉害。“哇……哇……”我要把爷爷、奶奶、姥姥、姥爷都哭来，看你们答不答应我的要求。呜……

完了，完了，孩子哭得更厉害了，还是同意他的要求吧！

得！就这样，和孩子的较量以你的失败结束了。恭喜这个聪明的孩子，以后他用哭的方式定能屡试屡赢。

以上的情景再现并不是我的胡编乱造，可别小看孩子，他们精灵着呢！据研究者发现：孩子五六个月开始就有察言观色的本领，能分辨出父母的情绪变化。所以说，小孩子有时候是在用哭闹的方式来“要挟”家长们，这种说法并不为过。他们知道家长们的软肋是什么，他们清楚用什么方法可以达到自己的目的。

我女儿 4 岁的时候就知道我和她爸的软肋是姥姥。有一次，我不同意她做一件事，她大哭大闹了好久，见我们仍不妥协就放低了哭声。但是这时候，女儿的姥姥来了，在卧室的女儿听见姥姥的说话声，立马哭声变大了，竟然还发出尖利的叫声，以吸引姥姥的注意。姥姥急忙来卧室看她，女儿委屈地扑到姥姥身上，鼻涕一把泪一把地

“痛诉”我们的“罪行”。姥姥一听立马就责备我们。我说：“妈，不用您管。”我妈没说什么，女儿的哭声却加大了，好像我在说她似的，可把我气坏了，我又要讲孩子的不是。我妈妈也生气了，跟我大吵起来。结果，本来女儿已经快要停止自己的任性哭闹，因为姥姥的突然到来，演变成了我妈妈和我的争吵。最终，以我妥协结束。女儿得意地去做我不允许的事情去了，我妈妈和我倒气得不说话了。

这件事情让我知道，小孩子察言观色、见风使舵、挑拨离间的本领简直太厉害了。当然，我用这些词来形容孩子是不恰当的，但是我想让大家明白的是：小孩子已经懂得了“人情世故”，不要被他们的哭闹给吓住。

如果你看不到孩子的真实目的，对孩子的哭闹反应表现得过度紧张，那就会助长孩子的任性了。

这也是为什么有的家庭，父母也在改正孩子任性哭闹的毛病，却不见效的原因。

球球的妈妈早就意识到了球球的任性是个坏习惯，她也非常积极地帮孩子改正这个坏习惯。可是效果却不明显，每次遇到任性的事情，球球都哭得上气不接下气，脸涨得通红，像要上不来气了似的，很吓人。我问球球妈，球球小时候哭就这样表现吗？她摇了摇头。然后我观察到，当球球大哭时，他的妈妈表现为焦急不安，一会儿给孩子拿吃的，一会儿拿玩具，想尽所有办法哄他不要哭。看得出，球球妈在教子上非常有耐心，否则心急的妈妈早就拍大巴掌下去了。可是球球才哭了不到 3 分钟，球球妈心疼的眼泪也掉下来了，用乞求的眼光看着我，那意思是在询问：要不我们妥协吧！我摇了摇头。可球球妈这一掉泪，小家伙也看到了，他没有因为把妈妈气哭了而感到自责，反而又在地上打起了滚，还连蹬带踹的。我已经看明白了小球球的用意，就把他妈妈拽出屋子。小球球自己在屋里哭，妈妈很不放心，硬是让我给挡在了外面。后来，几分钟过去了，没有观众的表演当然很累，又渴又饿的小球球停止了哭闹，喊：“妈妈，我想喝水。”我冲球球妈笑笑，球球妈也明白了我的用意。

这就是你越在意孩子的哭，孩子越知道用这方法制服你。而你对孩子的哭表现出无所谓，孩子就知道这方法不管用了，他只能停止这无用的费力活。

但是，这个方法对小孩子的任性还没有形成习惯时还可以有效，而如果一旦孩子任性习惯已经根深蒂固了，你再突然对他的哭闹无所谓表现，那这小家伙指不定会做出什么更可怕的事情来“要挟”你。所以啊！可真别小看孩子，他们能用小手段来制服家长，如果将来有一天，孩子长大了，连父母都能要挟，那他还有什么事不敢做呢？可见，以小事看大事，希望家长们警钟长鸣，可千万别让孩子的任性次次都因戳中你的软肋而“要挟”成功。

身边的故事 3-1

这个故事中的主角是两个小女孩：甜甜和芳芳。她们的家庭环境差不多，被老人和父母宠着惯着，并且在同一所幼儿园上学。

甜甜和芳芳都是很出色的孩子，只是甜甜比芳芳要任性，而且发起脾气来，甜甜总是比芳芳的“花样”多，让甜甜的父母烦恼不已。

就像上次的六一儿童节，巧得很，甜甜和芳芳的妈妈都忘记给她俩带黄色头花了。到了现场后，老师告诉两位妈妈快点去买头花，一会儿要上台表演了。两位妈妈急忙告诉爸爸们快去买，芳芳撅着嘴不理妈妈，妈妈解释说：“对不起，芳芳。不过，我想时间会来得及的。”芳芳知道这个时候只能等着爸爸快点买回来。可是甜甜却对妈妈犯的错不依不饶，她一会儿大喊：“看吧，都怪你。”一会儿看爸爸还没回来就大哭起来。甜甜妈也着急，她最怕的就是孩子哭，一哭她就上火。她左哄右逗，老师也来劝，可甜甜就是哭，小脸也哭花了，梳得干净利索的头发也弄乱了。结果，等爸爸们买回黄色头花，芳芳妈给小芳芳换好，芳芳很快就加入到即将演出的队伍中去了。而甜甜呢，又要洗脸，又要重新梳头发，小朋友们的表演开始了，她这边也没弄好头发。甜甜哭得更来劲了，爸爸妈妈只好把她带回家哄。这个六一节过得一点也不快乐。

事后，甜甜妈和芳芳妈在一起聊天，就聊到了这件事。甜甜妈纳闷地问芳芳妈，那天芳芳为什么不哭呢？芳芳妈笑着说："因为她知道哭也没用。小时候，她不小心弄疼了手指，咧嘴大哭，我对她说：'手指很疼，可是你大哭，疼就会减弱吗？'还有我们不同意芳芳做的事，芳芳也会用哭来反抗，但我们通常是没人理她，她哭一会儿累了就不哭了。""你们从来不哄她吗？"甜甜妈奇怪地问，"可是孩子哭多可怜啊！""嗯，是挺可怜的。可你可别小看孩子哭，他们懂得用哭吓唬人呢！"接着芳芳妈就讲了一件事。

芳芳妈听同事讲，有个家长也很害怕孩子哭，只要孩子一哭什么事都能妥协。这孩子越大越离谱，总是做一些不合常理的任性事。家长发现孩子得管教了，就对孩子的哭闹置之不理，可是孩子已经养成了习惯，就用自制的苦肉计来骗父母。有一次，孩子竟然联合其他同学制造了一场"绑架案"来勒索自己的父母。后来，父母报警发现是孩子自己编造的谎言，大为吃惊。这时候，父母才知道孩子的心理：爸妈太在乎我了，我知道父母最害怕什么。

"你瞧瞧，这孩子利用了父母对他的爱。"芳芳妈说。甜甜妈听了也开始反思自己，也许是太在意孩子了，反而让孩子养成了不好的习惯。以后，甜甜任性时，又开始使用一贯的伎俩，又哭又闹的，可是甜甜妈不再像原来又是哄又是逗，像是没看到她哭似的。小甜甜很纳闷儿，才觉得这招不管用了。天真的甜甜有一次问妈妈："妈妈，你怎么不害怕我哭了呢？"甜甜妈一听就乐了，原来这孩子果真是在利用我。不过她严肃地说："因为我要让你知道，不能做的事，你哭也没用。"甜甜转转眼睛跑一边玩去了，她当然明白妈妈的意思了。

2. 用漫不经心，告诉孩子哭闹吓唬不了谁

看著名歌星齐秦的采访录，齐秦讲起小时候调皮捣蛋的事。他说每次打架回来都要挨爸爸的打，爸爸打人特别狠，但他从来没哭过。有一次，齐秦又在外面闯祸了，回来后他站在爸爸面前等着爸爸打他，他觉得自己犯错挨打就像一种交换。可是，这一次却有些不同，爸爸什么也没说，仍旧在看报，齐秦就那么一直站着，他很害怕，不知道爸爸有什么打算。过了一会儿，爸爸淡淡地说："吃饭吧！我打不动你了。"然后爸爸就走出了房间，齐秦看着他的背影突然觉得爸爸老了，他心里很难受。这一次的事给齐秦很大的触动，从那以后他很少再打架，不再让爸爸生气了。

类似齐秦这样的淘气孩子，"打"往往对他们起不到任何作用，而更有力的却是无声的沉默和漫不经心。古语说：此时无声胜有声。就是这个道理。

而对于孩子的无理取闹，任性耍脾气，他们的目的就是引起大人们的注意，惹恼大人，让大人们对他们不耐烦，也就答应了他们的要求。

所以说，遇到任性哭闹的孩子，家长又是哄，又是劝，再配上无比关切的语言，"好了，别哭了，一会嗓子哭哑了。""快起来，地上凉，该得病了。""哭坏了，妈妈心疼啊！"……对孩子任性时的身体如此担心，孩子就更把任性当回事了。孩子们很聪明，他们会变本加厉地哭闹，以达到自己的目的。

那么，若是孩子任性哭闹时，家长表现出无所谓的样子，用漫不经心表达出：哭吧，闹吧，不允许的事就是不允许。你哭闹与我们无关。孩子的哭闹只是自己的独角戏，没有观众，表演得再卖力也没有

人叫好和买账。而且，哭闹也是个体力活，孩子当然知道累，他们见哭闹无效果，也就自觉地停止了哭闹。

比如我女儿3岁时，因为我们不答应她的无理要求，她开始哭，哭声一会儿高一会儿低，嘴还嘟囔着，真是气人。我强忍住火气，顺手拿本书看起来。我转移了注意力，仿佛她的哭声也没那么刺耳了。可是女儿的哭声更来劲了，她见我看书，就任性地把我手中的书抢走，把书放到被子下面，站在我面前哭。她这是让我看着她哭啊！我觉得可笑，扑哧乐了，女儿以为我注意到她伤心了，就哭得更委屈了。我还是没说话，转身躺床上睡觉了，任凭女儿怎么推我，我也不睁眼睛。

我们俩就这么耗着，大约僵持了十多分钟，我仍旧紧闭双眼，女儿大概也哭累了，或是觉得也无趣了，自己坐床上玩娃娃去了。当然，这时候的她早就忘记了刚才哭闹时提出的无理要求了。

其实，对于小一点的孩子来讲，他们的某些无理要求只是一时的，而因为没有达到要求的哭闹也是一时之气，这个时候家长表现出无所谓，让孩子知道家长根本不害怕孩子的哭闹，他们转眼就可能忘了自己的要求。

因此，再面对孩子任性哭闹，甚至带点“自残”的行为时，家长应该掌握着孩子哭闹的情况，但表面看上去也应仍是漫不经心、无所谓的样子。孩子觉得哭闹换不来大人的“在乎”，也会觉得无趣的。其实，这也是他们在用试探的方法寻找家长的“软肋”，以达到自己的目的。家长们可不要轻易上当啊！

但是，家长的漫不经心可不能用耻笑孩子哭闹的方式来表现。如有的家长在外人面前贬低孩子说：“就知道哭，谁怕你哭啊！瞧你大鼻涕哭得哪儿都是，没见过你这么难看的小孩子。”或是用更恶毒的话说：“哭吧，再哭我就不要你了，你这个倒霉孩子。”当然，还有些家长会说出更可怕的话，这都是不正确的。孩子也是有自尊的，他们想用哭闹找到一种解决问题的方式，但若是家长用厌恶表现出不在乎孩子的哭闹，孩子会有不安全感，他们还会觉得父母不爱他们，也会不自信起来。

我们在教孩子时，切记的就是：一定要就事论事，不能连带着把一些不相关的事也加入到教育中来。就比如说孩子任性哭，家长不能把这件事上升为孩子不孝顺、不体谅父母的难处等不相关的事情上来，这样的教育只会招来孩子的反感。

另外，家长用漫不经心对待孩子的哭闹，得需要家长有极好的耐心。可别孩子这边刚刚闹上，你那边闹得更厉害，本是一件可以简单化解的事却因为你的大闹而使事情演变得不好收场了。所以说，当孩子情绪不稳定时，家长要先控制、处理好自己的情绪，让哭闹的孩子感觉到你的平静、冷静，从而降低哭闹的程度。这也是给孩子做自己情绪主人的一个标准方式。

身边的故事 3-2

胡丹和好姐妹李秀秀一同带着各自的孩子去游乐场玩。孩子们来到游乐场，兴奋劲就别提了，看到什么都要试一试、玩一玩。李秀秀的儿子小伟胆子大，看到“海盗船”非要上去体验一下。

那是一艘大船被挂在高处，上下翻滚，很是刺激。可是刺激的游戏不适合小孩子玩，会有危险的。李秀秀跟小伟解释了它的危险性后，小伟还是不同意，哭着闹着非要去，收票处有铁栏杆隔着，他只好又回来摇妈妈的手，还一边哭着说：“我要去，我要去。”李秀秀不搭理他，面无表情地看着远处。

胡丹着急了，买回冰激凌、吹泡泡机哄着李秀秀的儿子，可这男孩脾气够犟的，竟然坐在地上打起滚来了。旁边的人看到了也都跟着劝说：“那危险的游戏可不是任性就同意去的。”小伟像是没听到，引起这么多人关注，他闹得更起劲了。

可李秀秀还是坐着不动，胡丹劝她说：“你快哄哄小伟啊，总这样闹下去也不行啊！”李秀秀终于站了起来，胡丹看到李秀秀很生气，她拉住李秀秀说:“别打孩子,回去再说,好好哄哄得了。”可是,李秀秀根本没有去哄小伟,而是朝相反的方向走了。胡丹一愣,喊:“秀秀,你去哪儿啊?小伟怎么办啊?”而地上的小伟一看妈妈走了,他爬起来就追:“妈妈,等等我。”胡丹赶紧领着女儿在后面追。

等小伟追上妈妈,李秀秀蹲下,扶着小伟的肩膀说:“有些游戏不适合你,看,那边的老鼠打洞就适合你玩,你现在和小妹妹去玩吧。”小伟欢呼着拉着胡丹的女儿去玩了。

这时,胡丹气喘吁吁地说:“我说秀秀,你脾气真好,要是我早气晕了。”“哈……晕?跟那淘小子生气,我不得晕几百次了。你越生气,他越来劲,没用的。所以,告诉你个招,孩子任性耍脾气,有效的办法就是表现出无所谓的样子,让他们自知无趣。你以为我不生气啊,忍着呗!”李秀秀无奈地说。“这招挺管用的,小伟一边哭一边看你的表情。”胡丹说。

胡丹跟李秀秀学了这招后,她的女儿柔柔任性哭闹时,也不管她了。可是柔柔见妈妈不理她,哭得更厉害了,听着像是要上不来气似的,脸涨得通红。胡丹担心,柔柔是女孩,不像小伟,可别哭坏了。她连忙去哄柔柔,为了不让孩子哭,胡丹只好又妥协了。

事后,她打电话给李秀秀,李秀秀说:“你得慢慢来,我们也不能让孩子哭坏啊。管教孩子的任性不是用一个方法就可以的,你即使哄她不哭,也不要让孩子们觉得我们是在担心她哭坏了身体才去哄的。我有一次就跟小伟说:‘别哭了,隔壁的老爷爷身体不好,影响别人休息多不好啊。’胡丹,你还是要根据秀秀的性格特点去教育才有效。”胡丹听后说:“看来教育孩子也要学学三十六计呢?”两姐妹在电话里哈哈大笑起来,每位妈妈都在教子的路上不断总结、不断学习,才能让孩子的性格更健康啊!

3. 孩子哭哭没关系

不论是谁，都不可能认为任性孩子“哇哇”的哭声是悦耳动听的歌声，任凭谁听了都会心烦意乱。前面介绍的两种“对付”孩子无休无止哭闹的方法，家长要想进行得顺利，首先得明白一件事——孩子哭哭是没关系的，根本没必要大惊小怪。

很多时候，孩子哭是正常的，不哭才是很危险的事呢！

刚刚出生的婴儿，医生要拍拍婴儿的脚，让婴儿的哭声使肺第一次张开，而没有哭声就不能呼吸，那么呼吸系统就有问题了；再比如，孩子吃瓜子不小心卡住了喉咙，家长拍拍孩子的后背，这时候，孩子哇的一声哭了，家长就可以放心地说：“好，哭出来就好了。”

……

在这些特殊的情况下，我们发现孩子哭也是一件好事，这个时候家长也喜欢听孩子的哭声。

可是，随着婴幼儿慢慢长大，他们也会发现，自己一哭一闹，就会有人抱、有人哄，哭闹成为他们最有利的武器了。最为明显的表现就是还不会行走的婴幼儿，他们不愿意坐着或是躺着时，而又不会说话，只能用哭来表达意愿。当他们要求被抱时，就哇哇哭，大人一抱哭声就立刻停止了，这明显就是用哭来要挟大人呀！

其实，孩子适当哭哭是有好处的。据科学研究表明：哭不仅可以增强孩子的肺活量，他们还不容易得呼吸系统的疾病；而且，眼泪可以让眼睛湿润，减少眼睛的干涩；另外，一哭就哄的孩子，长大后不够坚强，遇到挫折容易妥协。

这个道理很好理解，也就是挫折教育。比如说孩子遇到点事就哭，家长害怕孩子的哭声，就会立刻过来帮忙或是答应他的要求。可是，在孩子以后的人生道路上，难免会遇到很多的困难，那个时候，他虽然知道不可能再用哭来寻求帮助，但是他已习惯了这种解决困难的方法，一时之间就会没有坚强的内心来面对困难，这就很可能让他把困难想象得很巨大，在困难面前就会退缩、逃避，成为一个没有责任感、不敢勇于挑战的人。这样的人在未来的社会中是很难生存的。

还有一点需要家长注意，哭也是孩子释放情绪的方式之一。当孩子心情不好、烦闷，或是不被允许做想做的事时，他们也得表达、发泄一下情绪吧！而家长根本不给孩子这个释放的机会，不让孩子哭，那么时间长了，孩子也会憋出心理疾病来的。

当然，有的家长并不是纵容孩子，是因为他们听不了孩子的哭声，孩子一哭就会心烦意乱，甚至把孩子的嘴给堵上的想法都有。所以，家长的无奈之举就是满足孩子的要求，只要听不到哭声就行；有的家长喜欢用恐吓的方法制止孩子："再哭，让收垃圾的老头儿把你收走。""一会儿大野狼来了，它专门吃爱哭的小孩。"……这些话也许能暂时吓住孩子，也可能会吓出一个胆小的孩子。

综上所述，可见孩子哭哭是没啥大不了的事，只是家长要时刻掌握孩子哭时的情况，因为有的孩子不适宜过度哭泣，也有孩子因为过度生气大哭导致身体不适而发生悲剧的事例。因此，家长在孩子哭闹时，也可以用其他的办法来教育，这在下文中有介绍，也就是说家长对付孩子的任性也要随机应变、因势利导。

身边的故事 3-3

小岩到了入园的年龄，妈妈徐美佳最担心的就是他爱哭的毛病。徐美佳也知道，一个男孩遇到点事就哭哭啼啼地抹眼泪也不是好事，可是徐美佳就改不了小岩的这个毛病。

小岩入园的第一天，徐美佳早早地在学校门口等小岩放学，不知道这一天孩子是怎么度过的。当班主任拉着眼泪汪汪的小岩走出来时，徐美佳暗暗叫苦，连忙走过去，拉过小岩，问："小岩，怎么了？妈妈来接你了，还哭什么呀？"小岩看到妈妈，哭的声音更大了，徐美佳抱起小岩要去给他买零食吃。

班主任叫住她，说："小岩妈妈，请留步。我要跟你说说小岩的情况。"小岩一哭，徐美佳就着急，她脸上流着汗说："老师，晚上我给你打电话吧！你看这孩子哭起来就没完，他嗓子发炎刚刚好，不能老哭。我去给他买点吃的哄哄他。"班主任只好点点头。

回到家，徐美佳问小岩为什么哭，小岩说："我不想睡午觉，老师说不睡觉就不许说话，我觉得上幼儿园不好。妈妈，我不想去了。"徐美佳最担心的就是这个，她耐心地讲："不上幼儿园就学不到知识了，所有的小朋友都要去的。在幼儿园里和小朋友们玩，多快乐啊！"见徐美佳不同意，小岩又开始哭。他的嗓子特别爱发炎，去年就因为嗓子发炎，打了3个星期的针才好。这次要是再得病，这学也甭上了。

徐美佳和老公想尽办法去哄小岩，但他再也不想去上学了。好不容易小岩闹够了，睡着了，徐美佳才想起给班主任老师打电话。

不过，徐美佳这个电话打得太及时了，班主任的一番话惊醒梦中人啊！

班主任说："小岩妈妈，我一直在等你的电话，你是不是一直在哄小岩？"徐美佳叹口气说："老师，您猜对了。小岩这孩子又不想去上学了，真是郁闷极了。您说，他从小就爱哭，一哭嗓子就发炎，我真拿他没办法。人家孩子天天乐呵呵的，我这孩子整天只知道哭和任性。"徐美佳委屈得要哭出来，哽咽着说。班主任老师是位很负责的老师，她说："小岩妈妈，现在小岩上学了，你应该改变教育方式了。白天时，他只哭了一次，就是因为中午不想睡觉。放学时看到你，眼泪就掉下来了，这样的孩子一般从小都比较娇惯，家长特别害怕孩子哭，认为孩子会哭坏身体的。其实，哭也可以锻炼身体的，没什么大不了的。我给你讲个我带过的孩子的故事吧！你听后就知道小孩一哭就哄，对他们是没有好处的。"

接着班主任老师在电话里简短地讲了一个故事。她说："在国外，小孩子一哭家长就抱过来，是会被人笑话的；而我们国内若是小孩哭闹没人管，会被说成父母不会照顾孩子。我曾经教过一个孩子，就是全家人呵护的宝贝，小孩上幼儿园时，家里的老人们轮流在幼儿园外等着，就是怕孩子哭闹时没人管。可是孩子在这样的家庭中长大，并没有养成好的习惯。他任性、固执，磕磕绊绊地读到高中，可高中课程难，孩子吃不了那个苦，学习成绩也不好。家长自费让孩子读了大学，但是大学的生活需要孩子一个人去面对，家长再也帮不上忙了。大小伙子遇到问题也不能哭了，可是他又不知道该怎么办，后来就辍学了，说什么也不去读大学。现在，孩子还在家里待着，整天就知道玩游戏。"

班主任讲完故事，说："这是我上周看到那孩子的母亲，她跟我讲的。所以，我今天看到小岩哭哭啼啼的样子就想把这故事告诉你。这都是前车之鉴啊！你也不希望小岩遇到点挫折就心事重重、情绪低落吧！"

徐美佳和班主任聊了一个多小时，放下电话她想了很多。她不想把儿子培养成故事中那样的孩子，她突然觉得自己对小岩的保护就是在害他。看着小岩脸上未干的泪痕，徐美佳下定决心，要改掉孩子哭鼻子的毛病。她猛地想起刘德华的一首歌《男人哭吧哭吧不是罪》，她哼着这首歌，找到了教育小岩的方向，心里一下敞亮了。

4. 给孩子台阶下

女儿 4 岁半，我不答应她做一件事，她就又哭又闹。我用漫不经心来表达对她哭闹的不屑，并且假装和老公谈笑风生。女儿在一旁哭了几分钟，看我们都不搭理她，就来到我跟前一边小声哭，一边嘟嚷着说:“妈妈,抱抱。”开始时,我没听清楚,我问:“你说什么?”她停了一会儿,说:“抱抱!”我看了老公一眼,偷偷地笑,连忙伸开双臂温柔地说:“噢,宝宝,哭累了,来妈妈抱抱。”女儿在我怀里也不哭了,我抱着她唱歌、玩耍,刚才的不愉快好像没有发生过一样。

经过这件事,我才发现,原来孩子有时候也需要家长给个台阶下,他们也需要保护自尊心。

给孩子台阶下并不是在孩子大哭大闹后,再顺从孩子的意愿,而是在适当的时候稍稍让步,让孩子有个过渡阶段,这样做有时会让孩子很快便停止无理取闹。

去年春节,妹妹一家三口来我家玩。她的儿子3岁半,调皮好动,对什么事物都充满了好奇心,在我家东翻西翻,妹妹根本阻止不了他的行为。

我们正在看电视的时候,这淘气小子不知从哪儿翻出一把水果刀玩。我们发现了,大吃一惊,很担心孩子会伤到自己。妹妹一个箭步冲过去,严厉地说:“快放下,割了手,会出血的。”可这小子倔强得很,见大伙不让他玩刀,他就把刀藏在身后。妹妹想把水果刀抢回来,可小家伙蹭地跑开了,我对妹妹说:“别抢了,会出危险。”然后我对小家伙说:“走,跟大姨切苹果去。”我面带微笑,鼓励地看着他。

可小家伙眼珠转转,不相信我,站在那儿不动,刀仍旧藏在背后。我走到厨房,洗了一个大苹果,又对他说:“来啊,切完苹果给姥姥吃。来啊!快点,一会儿姥姥该着急了。”这时,我妈妈也在那儿说:“宝宝,快去和大姨切苹果,姥姥口渴。”这个时候,小家伙才跑过来,站在苹果前,用刀在上面切。我还是心平气和地说:“这样切不对,会切到手,来大姨教你。”我的手握在他拿刀的手上,合力把苹果切好了。然后,我让小家伙把苹果端给姥姥,小家伙就把刀放一边,高兴地端着水果盘去了。他一边吃着苹果,一边看电视,不一会儿就把刀的事抛到脑后去了。

其实,像我妹妹家孩子这样调皮、淘气的男孩很多,他们胆子大,对危险的事更为好奇。而遇到这种情况，你要是跟他们“硬碰硬”，很容易出现危险。若是我妹妹硬要把孩子手中的刀子抢回来，那在抢夺的过程中就很容易伤到孩子。最重要的是，“硬碰硬”的手段会使孩子的任性反应更为激烈，这是因为他们的自尊心也很强，家长强硬制止孩子的行为，他们会认为家长这是以大欺小，不服气，对家长的管教产生厌烦和抵触心理，这更不利于改掉任性的习惯。

著名作家毕淑敏曾经说过：“我们有些家长，常常以为孩子是没有或缺乏自尊心的，随意地大声呵斥他们，不管是什么场合，有什么人在场，只顾自己说得痛快，全然不会顾及孩子是否承受得住。他们以为，只要是良药，再苦孩子也应该面不改色心不跳地吞下去，孩子越痛苦，对这次教育的印象就越深刻，越能起到举一反三的效果。”然而，他们不知道，能够约束人心不再重蹈覆辙的唯一缰绳是内心的自尊和自制。这需要孩子对自己的珍惜和对他人的敬重，同时也需要对社会公有法则的遵守与服从。如果一个孩子从小就在无穷的心理折磨中丧失了尊严，那么无论今后受到的教育多么优良，他心理的阴暗和残缺也是很难弥补的，人格上也会潜伏着巨大的危机……”

看了毕淑敏的话，家长是不是有所感悟呢？因为家长的一句话就有可能改变孩子一生的性格啊！因此，照顾孩子的自尊心，适当给孩子一个台阶下是家长大智若愚的做法。

身边的故事 3-4

老王夫妇退休了，在家闲着没事做，就自告奋勇地去帮儿子照看小孙女。老王的一片热心儿媳妇挺欢迎，儿子却有点不愿意。这让老王心里堵得慌，他跟儿子说：“你也是我们照顾大的，还能把你姑娘怎样啊？”儿子欲言又止，不过还是说：“行，我们欢迎。”

可老王看了 3 天就腻歪了，小孙女要求太多，一会儿要去滑滑梯，一会儿又要去爬格子，老王得寸步不离，一点儿个人空间都没有。

这天，老王的一帮老朋友来这里看老王，老王和他们在客厅里聊天，老伴出去买菜，就没人陪小孙女玩了。小孙女无聊地在厨房弄自来水玩，她控制着水流的大小，一会儿让水流的速度快，一会儿让水流的速度慢，玩得还挺愉快。可是老王心疼啊，那可是走水表的，再说这样浪费水让老朋友看了该说他管教不力呀！老王急了，喊道："丫头，不许再玩水了，节约水资源人人有责。"小孙女像没听到似的，继续玩。老王觉得没面子，拉着小孙女就把她关到了房间里，朋友们说："老王，你还挺厉害。你这样管孩子，儿媳妇同意吗？""他们不管我，把孩子交给我就得我说了算。"老王自豪地说。

这时，屋里小孙女哇哇大哭起来，她觉得自己没人陪着玩，玩玩水爷爷还不让。她很委屈，就偷偷给爸爸打电话，在电话里大哭起来。老王一把夺过电话说："你这孩子还学会告状了。你爸爸也是我儿子，他也得听我的。"小孙女害怕了，哭得更厉害了。客厅里的几个老朋友过来劝说一会儿，觉得很尴尬就离开了。

不大一会儿，儿子请假回来了，孩子冲到爸爸怀里。老王更生气了，说："我又没把她怎样，你何必大惊小怪地跑回来。"儿子没说话，他安抚好女儿，让她去看电视。儿子把老王拉到屋里，老王说："有啥话还不敢大声说啊？"

儿子笑笑说："爸，这就是我开始不同意您来看孩子的原因。""啥原因？我又没打她，你这孩子太任性，刚才那么多人客人她不听我话，不给我面子。我……""爸，您觉得没面子，那您有没有考虑过孩子的面子呢？这么多客人，孩子本来就很无聊，你还大声训斥她，她也不高兴啊！"儿子打断爸爸的话。"她还有面子，小孩子懂什么，就你文化人事多。""懂啊！爸，你记不记得我第一次开家长会，老师说我淘气，您觉得丢面子，在家长和老师面前打了我一嘴巴，我离家出走3天。我出走不是因为您打我，而是我没脸见老师和同学，我怕他们笑话我。这件事一直让我在小学里抬不起头来，直到考入中学我才好一些。"老王听了心头一震，当年，儿子离家出走，他以为是因为打了他，从那以后再也没有对儿子扬起过手。可没想到，儿子离家出走的理由却是因为伤自尊。老王不说话了，他认识到了自己的错误。儿子拍拍爸爸的肩，说："爸，您知道就行。丫头还小，我们不该给她的心灵造成一辈子无法复合的创伤啊！"

以后，老王看管小孙女时，也懂得照顾孩子的情绪和自尊，爷孙俩玩得特开心。老王常常还在电话里与朋友讲教育孩子的感想，儿子在旁边听后，会心地笑了。

5. 要跟孩子说清"不可以"的原因

对于小一点的孩子来讲，因为他们对外界事物的认知不够，好奇心会驱使他们去尝试做某件事，而家长在阻止孩子的行为时，会严厉地命令他们不许做，这个时候的孩子往往听不进大人的劝，偏要去做。这时候，家长会说："这孩子太任性。"可是，我提醒家长们，你为什么不允许孩子去做这件事，孩子们知道吗？

在第二堂课中我介绍的孩子任性的原因中，有一点就是家长和孩子之间缺少必要的沟通，双方不了解彼此的意思，一个向东，一个向西，孩子变得越来越拗，家长越来越气，结果只是一场误会所导致的。

而在小孩子性格形成阶段，都会遇到一些他们非要拧着来的事，那么这时候，你必须清清楚楚地告诉孩子：这件事为什么不可以做，做后会有什么后果和危险。类似于这些"不可以"的原因，你告诉孩子后，他们才会明白家长不允许是有理有据的，也是为了他们好。这样，孩子会考虑你所说的危险，他们也会放弃非要去做的事。

要是你只是一味地说："不可以，不可以。"孩子会不解地想："为什么不可以？我偏要做做看。"这样的想法只会加剧他们的任性行为。

看到这里，一定会有许多家长说："小孩子懂什么，你说一大堆，他像听不见一样，照样做他自己的。"

我相信有这种想法的家长一定也尝试过跟孩子说原因，但结果是孩子任性行为照旧，家长说的道理没有效果。但是你若是说孩子不懂家长在说什么，那只能说明家长解释得不够明确。孩子的注意力时间非常短，你给他弄个长篇大论，他当然听不懂，也听不进去，所以说，家长说"不可以"的原因时，一定要简单易懂。而且家长说原因时，一定要看着孩子的眼睛，让孩子真正把话听进去，适当的时候你可以简单演示一下危险。其实，六七个月大的孩子就能听明白大人的指示，你如果能把原因讲清楚，孩子们当然能听明白了。

前一段时间，妹妹把她家的淘气小子阳阳放在我妈妈家，妈妈跟我说："阳阳又淘气又任性，带起来不如女孩轻松。"双休日，我去妈妈家帮着带阳阳，以减轻她的负担。

但是不得不承认，阳阳的确比我女儿淘气，男孩的特点是喜欢玩些"高难度"的东西。比如说遥控器后面的盖子，他会把盖子拆下来，拿出电池，再装上；又比如他喜欢站到窗台上去拉窗帘上的布条；他还喜欢去翻犄角旮旯里的东西……他总会做一些大人不允许的事，我们得随时跟着他，否则指不定他会做什么危险的事呢！

这不，一眨眼工夫，这小子趁我们不注意跑到院子里，蹲在那儿转自行车轮子玩。我妈妈大声喊："不许玩，赶快回来。"小子看我妈过去了，更加快速地转起来，车轮飞转很容易把手卡到里面。我妈妈还在大喊着不许玩，小子看我妈妈过去了，吓得跑开了。我妈妈说："再玩，看我不打你的手。"

但我知道我妈妈根本吓唬不住他，果然，不大一会儿，这小子就又跑到自行车旁玩起了飞轮。我妈妈说："看吧，多任性。"我什么也没说，走到阳阳跟前，用脚顶住轮子，阳阳怎么也弄不动。我很严肃地说："这个不可以玩，你把手卡在这里，会流血。"我一边说，还把手放到车轮里，然后装成很疼的样子。阳阳看着我，又看看我的手，他这时听明白了我说的话。我说："咱们可以玩这个。"说着，我把阳阳抱到自行车上，推着他在院子里玩，阳阳高兴得手舞足蹈。以后，他再看到自行车，不再去玩飞车轮，而是让大伙推着他到处玩。

我妈妈说："我以为跟他说什么他都不懂呢，原来他什么都懂啊！"我笑着说："当然都懂啊！小孩子最聪明了。"

是的，简单易懂的道理，小孩子还是能听明白的，关键要看家长怎么说。你不能一边讲自行车飞轮转动的原理，一边讲玩飞轮的危险，我估计不是小孩听不懂，是他们不愿意听。因此，让孩子知道不可以的原因，让他们明白道理，这样才能更有力地制止孩子的任性，而且孩子们明白道理后，不会再对同样的事情任性了。

身边的故事 3-5

现在的徐巍依旧是伶牙俐齿，可是看上去很憔悴。她正在和一对还没有孩子的年轻夫妇说："我告诉你们，能不要孩子就别要孩子。你看看我的样子，就知道养孩子真不是简单的事。我家那小祖宗把我折磨得精疲力竭，我一点快乐的心情都没有，没心情打扮，没心情花钱。最主要的是我为孩子的未来操心啊，他现在就这样不省心，你说长大了得啥样？我都不敢想。"听着徐巍唾沫横飞地讲她家的事，我过去拍拍她的背，说："徐巍，好久不见，还是这么能侃。"徐巍回头看是我，夸张地惊叫："哎呀，你啊！什么时候出现的？搞偷听吗？哈哈……走，去冰点屋坐坐，咱姐妹好好聊聊。"

点了两杯奶昔，我们俩聊着各自的情况。徐巍现在算是个小老板，经济条件不错，小日子过得挺幸福。可她摇摇头说："你刚才也听到我的抱怨了吧，孩子不省心。"我吃惊地问："孩子还不到 4 岁吧，你也太杞人忧天了，不省心言之过早啊！""早？3 岁看到大，7 岁看到老。我那孩子调皮捣蛋什么都会，就是不爱看书。昨天，我妈妈一眨眼的工夫没照看到，他就把我新进的货都拆了箱，气死我了。那孩子专门干坏事，没干过好事。你说，我挣再多的钱，养个不成才的主，有什么用啊？”徐巍说到孩子，眉心拧个大疙瘩，一脸的愁容。

我点点她脑袋，说：“什么坏事、好事，在3岁的孩子眼里都一样。我最近总在看关于家教的书，我倒要看看你的孩子有多与众不同。走，现在就带我去你家。”

徐巍见我不信，就拉着我来到了她家里。刚打开门，就见她儿子正在“研究”冰箱，冰箱门被他一关一开，姥姥在旁边怎么说他也不听。徐巍嗓门高，大喝一声：“不许开冰箱门。”儿子看她回来了，照旧一开一关，不管她。徐巍冲我苦笑着说：“看吧，就这样不听话。大人说话像没听到似的。”

我看了半天说：“就这点小事把你愁成这样啊！谁家的孩子都任性，我还以为什么大不了的事呢！”“谁说的？我家楼下的孩子特别听话，大人不让干什么就不干什么，从来不任性。”我坐在沙发上，看她儿子在客厅跑跳，徐巍一边和我聊天，一边盯着儿子的动向，看到儿子做不该做的事就大喊一声：“不许动那个。”一会儿又喊：“不许爬那上面，快下来。”

看了半天，我说：“行了，我知道你为什么管不住孩子了。就比如说刚才，他要爬窗台。我猜他是想爬上去看看外面的风景，可是你不让他爬，但也没告诉他为什么不可以爬。别看孩子小，这一点很关键。你告诉孩子原因，他才会把你的话听进去。像你这个样子，表面看上去挺厉害的，只会瞎喊，自己操心不说，孩子听了还闹心呢。”

我正说着，孩子又要去弄热水器，徐巍刚要喊，我示意她走过去告诉孩子原因。徐巍走到孩子面前，用手按住他的小手说：“热水器里放的是热水。”徐巍倒了一杯冒着热气的水，“你把手放到里面会被烫坏的，可疼了。”我看着她儿子瞅瞅热水，又看看妈妈，说：“烫，烫。”徐巍点点头说：“对，很疼的。不能碰这个。”这一次，孩子乖乖地跑开了。我冲徐巍打了个胜利的手势说：“我估计他以后都不会碰了。”“其实，他原来也被烫过，可是还是用手去摸。看来，我原来没讲明白道理。”

经过这次的实践，徐巍不再抱怨孩子难管了，她若有所思地说：“一直以来我总担心孩子的任性不是好事，却从来没想过如何教育任性的孩子。唉，也是当妈妈的失职啊！”我摇摇头说：“不，你还不错了，有的家长根本看不到任性的危害，还在惯着孩子呢？那不是更可怕吗？”一句话把徐巍说乐了，她有点骄傲地说：“那是啊！”我们都笑了……

6. 对孩子“狠心”的态度要全家一致

每个人的思维方式不同，在教育孩子的问题上父母意见有分歧是正常的事。而聪明的家长从来不会让孩子发现“分歧”的存在。特别是在孩子任性的萌芽阶段，家庭成员对孩子的任性态度是否保持一致很关键。在孩子任性时，家长的“狠心”态度与孩子的拗劲僵持起来时，家庭成员中有一位表现出对孩子的妥协，那么这次对孩子任性的管教必定以失败告终。

前面也介绍过了，有些孩子的任性是在挑战家长的权威，或是在试探家长的底线。但是往往有些家长受不了孩子的哭闹，替孩子求情，或是擅自答应孩子的要求。而另一方家长还在坚持，这边孩子已经去做那件事了，那么刚才的“僵持”也是白做了，前功尽弃。

这样反复进行的话，孩子就不会把家庭成员的管教放在眼里，因为反正最后还是要同意他的行为，长此下去，孩子的任性形成了习惯，家长后悔也于事无补了。

因此说，对待孩子的任性，家庭成员的态度一定要保持一致。不能你严我松，你狠我疼，会把孩子管得像个“夹心饼干”，反而越来越任性，而且还会让家庭成员之间闹得不愉快，影响家庭和睦。

我女儿刚开始刷牙时，新鲜了几天她就嫌费事，不爱刷牙了。在这件事上我的态度很坚决，我说："牙疼的滋味你又忘记了吗？刷牙不费事，来跟我一起刷。"女儿明白道理，可还是拗着不肯拿起牙刷，站在卫生间里不动弹。这时候，老公从外面应酬回来，他喝得有点多，想洗把脸就睡觉。可我和女儿正在卫生间里为刷牙而"战斗"着，他不耐烦地说："好了，好了，不刷就不刷，老爸批准了，去睡觉。你们快出去吧，我要用卫生间。"女儿一听这话，放下牙刷飞跑着出去了。本来女儿马上就可以听话刷牙了，这可好，老公的一句话，我所做的努力都前功尽弃了。气得我刚要发火，却被老公推出了卫生间。

第二天，老公清醒后，我跟他讲道理。我说："孩子的行为习惯是需要我们引导和管束的。可一个在管，一个在放，你让孩子朝哪个方向走呢？以后我们在教育她的事情上，一定要齐抓共管，这样才会达到教育的目的啊！"老公听了我的建议，也点点头。

同时，我也把这些话送给家长们，家庭成员可以进行一次关于这样的交流，不论父母在家庭教育中扮演什么样的角色，但对孩子的行为标准必须是一致的，家庭成员应该做到意见统一。如有哪一方教育方式不得当，要在孩子背后提出，并修改方式，切不可当着孩子的面就提反对意见。特别是对任性中的孩子，本来孩子的自我约束能力就不强，若是得到家庭成员的支持，他们觉得有人"撑腰"了，就会得寸进尺，也很难再把其他人的管束放在心上。

另外，父母意见不统一也会让孩子无所适从，在孩子的心智尚未发育成熟时，孩子没有明确的是非观念，通常孩子意识到自己的错误都来自于父母的批评和教育，而父母对"错误"的态度持有不同的意见时，孩子也很迷茫，不知道哪个对哪个错，给孩子的内心带来很大的困扰。

身边的故事3-6

周五放学，小军拉着同学就钻进网吧，打起了网络游戏，一直玩到晚上7点多，才不情愿地走出网吧。一起玩的同学是留守儿童，他姥姥年龄大了管不动他，他怎么玩都行，可是小军爸妈对他管教一直很严厉，他怎么敢这样逍遥呢？小军却胸有成竹地说："再强大的力量也有弱点，而那一个弱点就足够我生存的了。"同学问是什么，小军神秘地摇头不语。

小军蹑手蹑脚地回到家，爸爸还没到家，妈妈正在看电视。看到小军回来了，问："这么晚才回来，干什么去了？""去同学家了，他家的吃饭桌子坏了，我帮着修一下。""是那个只有姥姥照顾的同学吗？"小军点点头，说："对，我去写作业了。"妈妈没往下问，继续看电视。

过了一会儿爸爸回来了，他先看看小军在干什么，而小军正在很"认真"地写作业，他"啪"就把小军的书合上，双眼圆瞪，说："刚才我在一间小饭店吃饭，正看到你和一个同学刚溜达回家，那么晚，你干什么去了？"小军预感大事不妙，他不知道怎么回答，妈妈听到老公的大呼小叫，跑过来问："又怎么了？回到家就没事找事，又喝多了找小军的麻烦，你快出去，快出去。"爸爸还在咆哮："他刚才又去网吧了，我不该说他两句吗？我一管孩子，你就在旁边阻拦，小军早晚被你惯坏。""谁说他去网吧了？小军是去帮同学家修理桌子，是去做好事了，什么网吧啊！你是不是看到小军和一个同学在一起，就是那个孩子，父母在外打工，只有姥姥照顾他。""这明显就是他在撒谎，你敢打电话给同学对质吗？"爸爸问小军。小军低着头，胆怯地看看妈妈说："可以，就是怕吓到同学的姥姥，她都80多岁了，精神也不太好。"妈妈把老公推出门外说："好了，别闹了。让儿子写作业吧！我跟你说啊，你成天醉成这样我还没找你算账……"

妈妈又开始数落起爸爸，他们的吵架声被隔在门外。小军找出耳机，放上音乐，他可不想整天听到他们相同内容的争吵，大人也真腻歪，怎么就不换点新的内容吵呢？

小军就抓住父母对他教育意见不统一的漏洞，一次一次逃脱了父母的管教,他更加我行我素,任意妄为。

班级中有个漂亮的女生要过生日,小军想为她准备一份特别的、贵重的礼物。可是准备礼物得需要钱啊,小军的零用钱才攒到50元,根本买不到好的礼物,他得想办法从爸妈那儿拿点。

可小军向妈妈要钱买礼物时,妈妈不同意,说:“情意不在礼物贵重,表达心意就行了。”过了几天,小军又心生一计。

这天,他是让同学背回家的,妈妈见状大吃一惊,忙问怎么了。小军委屈地说:“踢球的时候没发现球鞋坏了,结果把脚给崴了,特别疼。”妈妈心疼地说:“妈妈不知道你的鞋子坏了,对不起啊,明天我就去给你买双新的。”那位同学接话说:“阿姨,我家就是卖运动鞋的,我知道小军喜欢什么样的,要不我现在就回家把鞋子取来吧!”爸爸不同意,说:“不用,明天我们自己去买。”可妈妈瞪一眼爸爸说:“什么不用,省得我去逛街了,那谢谢你了。”过了一会儿,同学把鞋子拿回来,妈妈把钱给了同学。

而这“苦肉计”就是小军“骗”钱的方法,那个同学拿的是他自己的鞋,而钱转手就落入小军的腰包。过了半个月,小军又骗妈妈说,鞋子放在球场被偷了,妈妈只能又去买一双回来。

这件事成功后,小军觉得自己真是太聪明了。反正只要有爸爸在,妈妈就失去了判断力,事事都跟爸爸唱反调,而他就钻了这个空子。

可事情败露还是缘于这双鞋。那天妈妈和爸爸逛街,在商店里发现了那双鞋子,价钱比从小军同学家买的便宜很多。妈妈问服务员,这鞋降价了吗?服务员说一直没有。妈妈又问,还有别家卖这个款式的鞋吗?服务员说,本市只有这一家代理。妈妈一听,觉得事情不对劲。晚上,她问小军鞋子的事,小军一个劲地为自己圆谎,可这次爸和妈都站在同一战线上,他说什么妈妈也不相信。后来,妈妈给那位同学打电话,小军才终于承认了撒谎的目的。

妈妈痛心地说:“你为什么要利用我对你的信任?”小军支吾地

说："因为，在我的事情上你总是和爸爸有相反的态度，我觉得趁爸爸在家时编谎一定会成功。"

在妈妈单独和爸爸聊天时，妈妈承认错误，直叹气，她不知道还能不能管好小军。爸爸却说："只要我们意见统一，就一定没问题。相信我吧！"

7. 教子变通术，如何转移他的注意力

转移孩子的注意力是对付孩子任性的有效招数，特别适合年龄较小的孩子，而且这一招准保管用。

根据儿童心理特点，他们注意力易分散，很容易被新鲜的事物吸引住。在孩子专注于某件事，任性不妥协时，家长及时帮他们转移注意力，他们会被更有趣的事情吸引住，很快就会忘记刚才任性的事了。

因此说，有时候孩子非要做某件你不允许的事时，你大可不必跟他"硬碰硬"，退而求其次，反而会达到更好的教育效果。

别看我女儿性格温和，可要是发起脾气来也犟得跟头牛似的。那年她两岁半，有天晚上突发奇想，非要奶奶过来陪她睡觉，那时已经快晚上10点了，估计奶奶已经睡着了，我不可能打扰她，再说也不能让孩子养成想怎样就怎样的习惯啊！我和她爸爸坚决不同意，可女儿非要去给奶奶打电话。电话座机就在客厅，女儿拿起电话我就把电话线拔了，她气得哇哇大哭，一边蹦一边叫："我就要奶奶陪，不要你们。"她爸爸怕她吵到邻居，说："人家都睡觉了，就你在这儿闹。"女儿一听叫得更高声了。气得我气不打一处来，直拍胸。怎么办？我们这样耗下去，今晚谁也甭想睡觉了。老公悄悄说："要不给咱妈打电话，我去接她？"我坚决否定说："不行，这一次让她得逞，指

不定明晚又想出什么幺蛾子来?”我说:“不管她,咱俩上网去。”

我和老公到小屋里打开电脑,一起玩欢乐斗地主的游戏,让女儿自己在客厅哭。电脑里传出游戏的声音,女儿扑腾扑腾地跑过来说:“你们玩游戏,不睡觉了?”我说:“你哭得这么大声,我们也睡不着啊!”女儿像没听到我的话,盯着游戏说:“爸爸又赢了,爸爸是地主。”每次,老公玩斗地主,女儿都喜欢在旁边给他加油,这一次仍旧不例外,瞧她眼泪还在脸上挂着,看到她爸爸赢了还跟着激动。

我看看时间也差不多了,说:“行了,不玩了,明天还上班。宝宝,睡觉吧!”女儿早忘记刚才提出要跟奶奶睡的事了,跟在爸爸屁股后头说:“爸爸,明天晚上还玩。”老公说:“行,你还在旁边为爸爸加油。”女儿高兴极了,躺被窝里还惦记着。

从这件事可以看出,两头倔牛顶起架来,不分上下,伤了对方也伤了自己。正所谓:退一步海阔天空。作为成熟的家长,不是一定要用强制管住孩子,也不要用妥协的办法表现你的宽容,完全可以引导孩子绕过眼前专注的事,把注意力转移开,轻而易举地就避开了任性的发展。

当然,前提是你要引开孩子的事一定要比当前的事更吸引他,而且也不是违反家庭原则的。举个简单的例子。比如说孩子又哭又闹,你不能为了让他不哭就允许他没有节制地看电视,这是为制止一种任性却又在纵容孩子的另一种任性,是得不偿失的教育方式。因此说,转移孩子的注意力也是有一定的原则性的。

身边的故事 3-7

在教育故事中,有聪明的父母,有愚笨的父母,聪明的父母反应快,总是能用方法阻止孩子的任性行为,引导孩子养成健康的行为习惯。

举个比较常见的例子,带孩子去广场、游乐场玩,家长最难办的是如何让他们到时间就回家。在这一点上,大人和孩子一样,玩得正在兴头上谁也舍不得放弃。但是什么事都要有时间来约束，我们不能让孩子在广场或是游乐场玩到够为止。所以，很多时候是：孩子高高兴兴地去，眼泪汪汪地回。弄得家长很扫兴，对带孩子玩也很抵触了。

可我曾遇到一位很聪明的家长，他没有让孩子哭，便顺利地把孩子带回了家。

那天，我坐在回廊里待着没事，在我附近有个男孩围着广场跑了近一个小时，跑得都咳嗽了还不同意回家。带男孩来的爸爸看他的确不适合再跑了，天也太晚了，就说："你没玩够，那你追我吧！"孩子一听高兴极了。爸爸开始跑，孩子在后边追，可爸爸绕来绕去，朝广场外跑去，孩子一看不对劲，喊："爸爸，我不回家。"这时候，他们已经跑到广场边上了，爸爸回转身抱起孩子，把孩子放到自己脖子上，带着孩子走了，我虽然听不到他和孩子说了什么，但是我看到他给孩子买了个冰激凌，孩子坐在爸爸的脖子上乐呵呵地回家去了。

我估计这位爸爸一定猜到男孩绝不会轻易回家，他没有用强硬的态度命令孩子，而是顺着孩子愿意跑的想法让孩子追他，当男孩追到广场边上时，爸爸突然用转移孩子注意力的方法，淡化了他要带孩子回家的目的。他把孩子放到脖子上，给孩子买了冰激凌，这些都可以让孩子忘记刚才在广场没玩够的事。我很佩服这位爸爸的好脾气和耐性。

而这对父子刚刚走出我的视线，那边的一位母亲却对儿子连拉带拽地往广场外拖，她们就像在表演拉锯战，惹来很多人关注。母亲很尴尬，儿子也很痛苦。

我看着她们难受的样子，真想把刚才那位聪明父亲的办法教给这位母亲。可是，还没等我走过去，孩子爸爸来了。估计是母亲给孩子爸爸打电话了，孩子爸爸力气大，抱起儿子就往家走，也不顾儿子连踢带蹬。那气愤的样子，我猜他也是个暴脾气，这孩子回家免不了要挨打了。

但是我知道，打对于这孩子不可能是第一次，却没有给孩子起到约束行为的作用。本是件快乐的事，却弄得这样狼狈收场，这对父母真应该改变一下教育策略了。

8. 孩子哭时，你要抱抱他

哭是孩子任性时常用的“手段”，我在前面也用了大量的文字来阐述家长如何应对孩子任性时的哭泣。我们不必担心孩子会哭坏身体，也不要对孩子的哭闹表现出过度的关注，但是我们要给予哭泣着的孩子以感情安慰。

给孩子以感情安慰和我前面介绍的用漫不经心对付孩子的哭泣并不矛盾。漫不经心的态度，是让孩子明白：你的哭闹对我们改变主意没什么作用。所以说漫不经心是家长对待孩子哭泣这一“手段”的无所谓，但是给孩子以拥抱是家长对待孩子哭泣时情绪的关爱。

孩子从来都不会无缘无故地哭，哭必定是有原因的。特别是在我们不能满足他们要求时，哭是他们的“武器”，同时也是他们内心不满、复杂情绪的一种发泄。

在这个时候，虽然孩子的任性行为是不对的，我们必须制止，但是我们是孩子最信任、最依赖的人，我们不能在这个时刻让孩子感到无助和悲伤。在他们最需要安慰的时候，连他们最信赖的父母都不关心他们，孩子的负面情绪只能由自己消化，这样的孩子与亲人之间的安全感会大大减弱。久而久之，孩子们变得不爱表达自己的不满情绪，与父母之间的隔膜会愈来愈深，当沟通出现问题时，孩子往往会更加任性。

当然，孩子因为任性而哭闹时，你可以抱抱他，但仍要坚持住，不满足他们的不合理要求。我们是要让孩子明白：你的不合理要求不能满足，但是爸爸妈妈非常理解你的感受，不论什么情况我们都会陪着你的。

这是理解孩子的一种爱的表达。

曾经我也因为女儿任性而苦恼过，当我们几个同事在一起聊这个事时，我说："我家宝宝哭闹时，我把她丢在一边，她爱哭多久就哭多久。"同事说："对，这个方法比较有效，她自己哭着无趣也就不哭了。"在我们聊天时，这位同事家的女儿已经读六年级了，她听到妈妈的话说："不对，我最不喜欢的就是没人理我。"因为当时我还为能管住女儿的哭闹而得意呢，可听到这样的声音感觉非常奇怪，也挺受打击的。我连忙问："为什么？"女孩想了想，说："就是感觉挺害怕，我也说不清楚。"我看着她，突然幡然醒悟：是啊！在我们受到挫折、委屈时，多么希望身边的亲人给予关注和安慰啊。哪怕是他不说话，只是拍拍我们表示鼓励，我们都会感到莫大的欣慰和踏实。而我们却在一个心智还未成熟的孩子伤心时对其不理不睬、不管不问，那对孩子幼小的心灵来说是多么痛苦的煎熬啊！

从那以后，我改变了教育方式，不论女儿因为什么哭，我都会蹲下身体，抱着孩子轻拍她的后背。我不制止孩子的哭泣，也不会哄她不要再哭，只是默默地抱着她，任由她放声大哭。这样做时，往往都是孩子哭后便很快露出笑容，伤感的情绪不会堆积在心里，让女儿养成了开朗的性格。

而且最让人感动的是，现在9岁的女儿，常常在我躺床上大喊累的时候轻轻搂着我，并且拍拍我的后背说："累就睡觉吧！"那感觉她像是大人，我像个孩子似的，让我有被关心的幸福感和甜蜜感。

我们常说：理解万岁。能找到一个理解自己的知己是多么不容易。而在孩子伤心时，你的拥抱就是对孩子最有意义的理解，让孩子知道我们一直都理解她的想法，可是不可以做的事我们也没办法，你想哭就哭吧！这也是在教孩子如何表达自己的负面情绪，让孩子的心中永远充满阳光。

身边的故事3-8

刘灿带着女儿爱华来到心理诊所，心理医生英丽接待了她们。

英丽注意到，这个叫爱华的女孩眼神飘忽不定，一定是个没有安全感的孩子。果然，刘灿介绍说："爱华睡觉时必须钻到帐篷里，否则就睡不着，还大哭大闹的。她这是患有强迫症吗？"英丽说："孩子除身体器官原因外，一切行为都是由外因促使的，小爱华睡在帐篷里的原因，得需要走进她的心里，才能找到症结。这样吧，您先出去，我单独和她谈谈。"刘灿不放心地看看女儿，爱华也流露出恐惧的眼神，说什么也不让妈妈出去。

英丽见状更进一步确定爱华睡帐篷的原因，就是她极度缺乏安全感。可造成孩子这样的原因有很多种，看来，无法和孩子聊就只能向妈妈了解情况了。

英丽说："要不这样吧，明天您自己来，我们再了解情况。"刘灿带着孩子出去，爱华紧紧地拉着妈妈的手，似乎在压制着自己的情绪。

第二天，刘灿来到心理诊所，英丽以问题的形式，开始了解情况。

"您是单亲妈妈？""不是。""您常常用暴力对待孩子吗？或者孩子的爸爸会？"刘灿摇头。"您自己带孩子吗？"刘灿点点头。

英丽想了想问："那您常常给孩子以爱抚吗？特别是在她伤心的时候？"刘灿皱皱眉，说："我最讨厌她哭了，她哭的时候我就把她关在小屋里，不让她出来，我觉得这是锻炼她的坚强。"英丽摇摇头，说："症结就在这里，不论是大人还是孩子，受伤时都需要亲人给予安慰，这是对他们心灵上的一种安抚。您却把孩子关起来，让她自己去承受悲伤，她还小，心灵是承受不起的，而且也没有自我调节心情的能力。""可是，她耍脾气，我还安慰她，那不是让她得寸进尺吗？""那完全是两回事，你可以抱抱她，拍拍她，哭可以发泄情感，但不同意的事还是不同意，并不冲突啊！你给她足够的安全感，孩子就不会睡帐篷了。"接着英丽又给刘灿讲了如何去做，刘灿半信半疑地回去了。

回到家，爱华正在大口吃雪糕。爱华肠道不好，刘灿只允许她一天最多吃两块雪糕。当爱华看到妈妈回来时，眼里流露出惊慌，刘灿就知道爱华不止吃了两块。

她声调提高一些问："又吃几个啊？说多少回了，也不听。不许吃了。"爱华咬着雪糕，眼泪簌簌地掉下来，刘灿看到孩子委屈地哭，想到医生讲述爱华曾被关在小屋后的无助，一下子特别心疼起女儿来。她走过去蹲下身体，温柔地替女儿擦眼泪，说："妈妈也是为你好啊，拉肚子多难受啊！"听妈妈这样说，爱华"哇"的一声哭得更大声了，像是要把肚里所有的委屈都哭出来似的。

刘灿轻拍女儿的后背，她能感觉到此刻女儿对自己的依赖，她亦感受到女儿曾经的无助。刘灿的眼泪也在眼眶里转，一直以来，她以暴力的方法阻止女儿的情感宣泄，却给女儿造成严重的心理障碍，自己真是个不合格的母亲。

爱华哭过后，心情似乎好多了，她说："妈妈，雪糕都化了。"刘灿笑着说："是啊，我想，继续把它冻在冰箱里会怎样呢？"爱华跑到冰箱前，把雪糕放进去说："一会儿就知道了。"

有了这次的经验，刘灿就懂得如何安抚爱华的情绪了。在爱华害怕、无助、恐惧、悲伤时，她都及时地给予莫大的安慰，让爱华感受到母亲对她强有力的支持。

慢慢地，爱华变得自信、开朗、乐观起来，她也在逐渐脱离对帐篷的依赖，因为她最亲爱的妈妈才是她最安全、最可靠的依赖。

9.适当给孩子的要求限制次数

不要说孩子了，就是大人也有这样的心理，越是神秘的事，越能勾起我们的好奇心，这大概就是悬念的力量吧！

当孩子强烈要求做某件我们不允许的事情时,我们越不让他们做,他们越会去做,且非常任性、一意孤行地做下去时,我们要理解孩子的心理。而要阻止这类行为的任性,家长不妨给孩子一些尝试、探究的机会,但是要用限制次数的方式来约束行为。这个办法通常可以避免孩子又哭又闹,而且也可以训练孩子的自我约束能力。

有一年过春节,女儿和姥姥玩扑克,玩了很多回,女儿还是乐此不疲,兴致勃勃。可姥姥却很累,她一再和我女儿商量不要玩了,大家休息一下。女儿却不依不饶,偏要玩,硬是把扑克塞到姥姥手里,不让姥姥离开。姥姥没办法,只好硬撑着陪着她玩。这时,我走过来,姥姥喊:“快来陪你女儿吧,我得躺一会儿。”女儿却不让我玩,非要姥姥陪着,我笑着说:“既然你这么喜欢和姥姥玩,那就再玩5次,然后我带你出去堆雪人。”“为什么只玩5次?”女儿问。我还是笑着说:“因为姥姥需要休息,如果你不想玩5次,那就再玩3次吧!”“好,5次,5次。”女儿只好答应。

当然,玩了5次后,女儿要赖不认账。我说:“你说话不算数,那妈妈也只能说话不算数。开学的新书包不买了。”女儿一听急了:“算数,算数。姥姥,你休息去吧!我堆雪人去。”我妈妈笑呵呵地说:“还是你妈妈有办法。”

用限制次数的方法不仅可以约束孩子的任性,还可以教育孩子做个守信的人。

限制次数还可以延伸为限制在几套方案之内,超出限制坚决不允许。这也是让孩子明白,满足要求是有条件的,并不是事事都可随心所欲。让孩子在限制方案中自由选择,还可以培养孩子的独立能力。

有天女儿非要去渤海广场玩,当时都晚上7点多了,渤海广场离我家太远,我不同意。女儿就耍脾气,任性地穿上外衣、鞋子要出去。我只好说:“出去玩可以,但是我们只能去离家近一些的汉章广场或是小区里玩,但渤海广场不可以,我们到那儿天也黑了,玩不了多长时间，想去也得明天再说。你自己选择吧！”女儿不答应，说：“我就要去渤海广场。”我立时沉下脸，严肃地说：“那我只能让你留在家里了。”说着就站在门口处，挡住女儿的去路。女儿见我态度如此坚决，只好想了想说：“我选择去汉章广场玩。”我说：“好。”因为是女儿自己的选择，这里虽然没有渤海广场那么热闹，但她同样玩得挺开心。

这样限制方案的法子经常被我使用，如到吃饭时间，女儿不来厨房，总是在客厅盯着电视看。我说：“你选择，是我把电视立刻关掉，还是电视开着，你吃完饭再看。”女儿担心关掉电视会耽误更精彩的内容，只好乖乖地来厨房吃饭。

当然，不论是限制次数还是限制方案，家长都要有最后的底线，不能给孩子限制次数，却是一而再，再而三，没有节制。那这个方法也是形同虚设，对孩子一点限制作用都没有了。也就是说，家长说限制的次数，达到次数时就一定要停止，这样才会使方法达到约束的效果。

身边的故事 3-9

其实，给大家介绍的这个办法也是我“偷偷”学来的，应该是 3 年前吧，我陪孩子在外面玩，正遇到另一所学校的郑老师，他也陪着女儿淼淼在玩耍。

淼淼是早产儿，在新生儿保温箱里抢救了半个多月，医生都以为这孩子活不了多久，可是郑老师和爱人却不信这个理，坚持以孩子锻炼身体、增强体质为主，让淼淼健康地生活着。据说郑老师脾气不好，可对淼淼却很有耐性。而那一天，我也见识了郑老师对女儿的好耐性。

淼淼很喜欢玩篮球，小小的身影在篮球场上跑来跑去，拍球运球，挺有那个样的。我羡慕地说：“淼淼玩得不错啊！郑老师您真是个好爸爸。”郑老师不好意思地笑笑说：“淼淼刚打完针，又感冒了，她的体质总还是差一些，哪次流行感冒都不被落下。这不，在这儿玩挺长时间了，她也不爱回去。”我连忙说：“刚打完针啊，那天这么冷，还是赶紧回家吧。”郑老师对森森大声喊：“森森，听到没，阿姨让你回家休息呢！我们走吧。”

森森当然不会同意乖乖地跟着回去，她拿着球继续练习投篮。郑老师笑笑说：“一猜她就不会同意。”他又对女儿说：“森森，还是老样子，再玩10个球。”森森答应一声，一边投球，一边数数。

森森数到10，拿着球跑回来说：“走吧，阿姨再见。”我愣愣地点点头，难道森森刚才不同意回家就差这10个球吗？

回到家，我查阅关于儿童心理的资料，发现郑老师在提出回家要求后，又给孩子限制玩球的次数，是给孩子接受爸爸的建议有一个心理适应过程，而且这个过程限制了范围，孩子就会很容易改变主意，接受建议。

这次“偷师学艺”让我受益匪浅，我常常用这个方法管教女儿的任性，非常管用，家长们也不妨试一试啊！

10. 孩子任性萌芽期，引导不当成习惯

美国当代作家哈尼·鲁宾曾说过：注意你的思想，它会变成你的言语；注意你的言语，它会变成你的行动；注意你的行动，它会变成你的习惯；注意你的习惯，它会变成你的性格；注意你的性格，它会变成你的命运。

我突然想到一个故事，说是曾经有一个马车夫，赶车时天天带着他的儿子。车夫凭着经验左右马匹，而孩子眼尖耳灵，每到转弯处，便提醒他父亲：“爸，拐弯了！”车夫便策马转弯。日子久了，车夫的儿子觉得赶车没什么大不了，他也能驾驭马儿拉车跑。一天，车夫的儿子偷偷套了马，他想实习一下自己驾车的本领。可是，马车到了山地

转弯处，任凭怎么使唤，马都不听他的。那孩子很无奈，突然急中生智，凑到马的耳边小声道："爸，转弯了！"马儿忽地拐过弯，疾奔而去……

我们不管这个故事是真是假，但它至少告诉我们一个道理：马因条件反射而拐弯，而人却因习惯而活着。很多时候，给孩子养成一系列良好的习惯，就是引导他走上一条通往成功的捷径。

而每个孩子都会有任性的表现，不论是他的心理需要，还是成长过程的潜意识行为，抑或是家长的错误教育方式所导致，总之，不论什么原因，当孩子的任性行为已成为他性格特点中的一个固有习惯，那么这一性格必然会影响他的一生。

我们大人也知道，养成一种习惯很容易，甚至是在没有察觉的情况下，而要改掉、戒掉一种习惯却有点难度。对于塑造孩子性格最关键的 3 ~6 岁时期，家长若是对孩子的某些任性行为视而不见，甚至放任自流，当任性成为习惯，再改就有些困难了。既然如此，我们何必要做亡羊补牢的事情呢？应该在孩子的任性萌芽期就毫不留情地把任性苗头扼杀住。因为处在这个时期的孩子对事物的领受能力特别快，因此这期间对其进行正确的教导往往会收到事半功倍的效果。美国小儿科医生史比尔甚至主张，孩子一生下来，父母就应该对其进行有目的的引导和教育。他说："如果你从孩子出生后第二天才开始管教的话，你就晚了一天。"

那么我们该如何对孩子进行引导呢？怎样做才能让孩子顺利度过心理任性期呢？下面是几点建议，希望能起到抛砖引玉的作用。

第一，以身示范，不要心急。既然有些时候任性是孩子的心理需要，家长就要了解孩子任性背后的真实原因，不能强行阻止，这只会适得其反。对一些不爱看书的孩子，家长不能硬逼着孩子坐在书桌前，要求必须看完几本书，这样做只会让孩子越来越讨厌看书。而让孩子爱上书，家长以身示范是最有成效的。有句话叫"近朱者赤，近墨者黑"，特别是父母对孩子的影响就更有威力了。

第二，孩子任性萌芽期也是自主能力的萌发表现，这个时候的孩子缺乏判断是非的能力，如果爸爸妈妈一味要求他改正不良习惯而不讲清为什么要改正，孩子就会出现逆反心理，使不良习惯得到强化。

第三，任性的孩子大多精力旺盛，让他们经常参加一些有严格规则的游戏和活动，特别是幼儿园或学校的集体活动，既可以使他们充沛的精力得到正常宣泄，又能让他们在愉快的玩耍中受到纪律、规则的约束，使任性意识逐渐淡化。

第四，在引导和管教孩子任性时，父母一定要尊重他们，态度要温柔。成功的父母能够从孩子的角度来看问题，体会孩子的想法和感受。

因此，为人父母之道，关键在于解读孩子行为背后的含义，用正确的办法化解孩子的任性行为。

身边的故事 3-10

乔一航认为，孩子就是“生就的骨、长就的肉”，他的成长发展只能顺其自然，有些时候教育根本起不到任何作用。他三叔的儿子长青就是最好的例子。

长青挺聪明，就爱任性，一意孤行，想做的事十头牛也拉不回来。小时候，刚入冬，长青非要去还未冻严的湖面上溜冰，却掉到湖里，差点没命。选择高中时，长青不听三叔的话，非要去离家远的省实验中学，结果不适应新环境，只考了个一般本科。参加工作后，长青仍旧不改那倔强、不听劝的脾气。前一阵子，他不听大伙的劝阻，把全部积蓄投入股票，立刻被套牢。现在，三叔有病住院了，他们家却拿不出钱来。

三叔病得很严重，临终前说：“我当了一辈子老师，教书育人，却没把自己的孩子教好。”

乔一航看三叔痛苦的样子，就暗下决心，自己有了孩子才不会像三叔一样，为教育孩子的事而受折磨。所以，当他看到自己儿子第一次任性、不听话时就感慨道："孩子都这样，没法管。"

乔一航对自己的儿子做错事也管教，但从来不讲求方法，他说："我三叔是老师，管教长青时讲求方法，尊重孩子，让他为自己做主，可结果呢？还不是一样。"就像某天晚上，儿子要吃大苹果，可家里没有了，儿子非要吃到这口苹果，乔一航只好下楼走了好远的路才买到苹果。老婆说："你这样惯孩子可不行。"乔一航说："我把他生下来，尽我所能把他养大就行了，他将来是怎样的人，谁也不好说。"老婆说："我看啊，你这个人最固执，认准的理谁也劝不动。"

乔一航的儿子渐渐长大，毛病也越来越多，只靠妈妈一个人的管束根本起不到任何作用。这天，儿子为了买双进口跑鞋，竟然耍手段骗爸爸妈妈。这事可真把乔一航气坏了，他对儿子进行了几个小时的批评教育，最后儿子却说了一句话，差点没把乔一航气死，他说："我小时候您都不管我，现在想管已经晚了。"那天，乔一航第一次打儿子。

因为长青的成长三叔没少费心，可教育得还很失败，所以，乔一航的教育态度一直是树大自然直。哪承想，自己让孩子顺其自然发展换来的却是没有管他的抱怨，乔一航挺伤心。他说："我没管你？你小时候有病了谁背你去打针？你要吃苹果，我跑了多少家商店才买到。你真是个没良心的东西。"

但是乔一航对儿子的打，并没有让儿子有什么改变。他仍旧是我行我素，心里只有自己。乔一航发现，儿子怎么朝长青看齐了呢？难道儿子也要跟长青一样，一辈子任性，只会和别人较劲吗？乔一航突然间害怕起来，他不想像三叔一样死不瞑目啊！

怎么办？儿子已经10多岁了，还能改变他的性格习惯吗？乔一航天天咨询教育专家，查阅教育资料，他为此着急又上火。老婆见状问："我说，你哪根筋搭错了，你不是不管孩子吗？现在这是干什么啊？"乔一航说："我突然意识到不能步三叔的后尘。我得看看现在管孩子还晚不晚。”老婆说：“你这个人啊，想一出是一出。真拿你没办法。”

乔一航经过一段时间的学习，总结出：孩子的成长不能只靠顺其自然或是严厉的管教，而得靠家长引导。孩子有他自己的独立意识和想法，但有些是错误的，家长就像孩子成长过程中的方向盘，正确的方向能让孩子一直走向阳光的大道，而不会走错路翻到阴沟里，或是出车祸。

乔一航要把理论付诸实践了，第一回合是孩子不按老师要求写日记。

这次，乔一航没有让孩子自觉改正，也没有使用暴力，而是翻出自己小学时写过的日记和儿子一起读。有时候读到开心的地方，乔一航和儿子哈哈大笑。

然后乔一航说：“看吧，这就是写日记的好处，可以记下当年的趣事，长大了是个回忆。另外，写日记还可以锻炼作文能力，你看我偶尔写点小文章发表，感觉很好呢！”儿子略有所思地说：“可是我不知道怎么写啊！”原来是不会写啊！乔一航说：“那好办，我教你啊，日记就是记下你这一天印象最深、有感而发的事。比如今天什么事让你最有感想就写什么。”儿子想了想说：“和爸爸一起读日记，我感觉爸爸也是个有趣的人。”乔一航听了心里暖暖的，曾经错误的教子理论让他和孩子感情很生疏，没想到今天一个小小的改变就让他们走近了。“那好，就把这事记下吧！”儿子高兴地去写了。

不大会儿，儿子拿出日记，乔一航看到最后一句话是：爸爸，我爱你。他激动极了，脱口而出：“儿子，我也爱你。”

第四堂课

孩子养成任性习惯不是无药可救，改变性格需要时间和你的信任

课前导入

也许有些家长看到这本书时，自家的孩子已经任性成瘾，用一般的办法根本“戒”不掉了。那家长们也不必望“任性”兴叹，本堂课主要就是针对那些已经养成任性习惯的孩子们所讲述的。他们已经达到了骄横、野蛮的地步，已经让家长愁眉不展、无可奈何了。那么，请认真地看完本堂课内容，这里有些好办法能让您的孩子“戒”掉任性，而唯一要求家长的就是要有帮孩子改掉坏毛病的决心，对孩子和自己都有信心，才会取得胜利。

1. 对孩子任性要求，要狠下心，但不是以暴制暴

家教畅销书《好孩子需要坏父母》的作者是德国作家提尔·巴斯蒂安。书中提出的观点与我们一直说的爱孩子相反，书里用大量的文字从父母对孩子未来的担忧和担心孩子在社会中会遇到危险的恐惧，来分析父母对孩子溺爱的错误教育方法。在这里我借用这一观点告诉家长们，管教孩子的任性，你首先就要狠下心来，不怕他们哭，不怕他们生气，不怕长辈的反对。总之，就是无论什么情况都要坚持自己开始的观点。这也许是一场持久战，但战争一旦开始，你就要守住自己的立场，否则就会前功尽弃。

特别是一些孩子已经任性习惯了，遇到父母反对的事情，就把自己拿手的方法一一展示，笃定父母一定会同意。而要想根治这类"训练有素"的孩子的任性，更加需要父母的狠心。

在超市的文具区，真真对一个新款笔袋爱不释手，央求妈妈给她买下来。妈妈坚决反对，理由是家里已经有两个笔袋，够用了。可真真平时就很任性，妈妈说不买，她并不害怕，拿着笔袋就往付款处跑。妈妈在后面边喊边追，小家伙得意极了，把笔袋递给收款员。收款员还夸奖真真有办法，这下真真更加理直气壮地任性起来了，但是这次真真妈可不想由着她再任性。妈妈把笔袋拿回来，跟付款员说对不起。真真看这招不好使，就开始哭闹，在超市地上打滚，这是她的常用"手段"。妈妈像是铁石心肠一般，不管周围的人如何说，还是把笔袋放回原处，拉着真真要离开。任性惯了的真真当然不同意，妈妈严肃地说："你不跟我走，那我只好自己回家了。一会儿超市关门了，看你怎么回家。"这是妈妈第一次这样不理真真的哭闹和耍脾气，真真看出妈妈的狠心，即使自己再有方法，妈妈也不会同意她的要求，她

更害怕没人带她回家，只好哭咧咧地跟着妈妈出来了。

对孩子任性的要求，如果父母做不到狠心，总是对自己的决定出尔反尔，那孩子就会习惯这种方式，反正父母早晚会同意，只要自己任性下去就行。

外面下着大雨，牛牛非要打伞出去玩。爸爸说："雨太大了，打伞也会淋湿的，不能出去。"牛牛说："爸爸求求你了，我要出去，要出去。"牛牛爸最讨厌的就是小孩子磨叽，他大声说："道理我已经讲清楚了，你不能出去。"牛牛"哇"的一声就哭了，还举着小拳头打爸爸。牛牛爸不耐烦地挡住孩子的手，却用力过度，把孩子推倒在地。这下牛牛哭得更厉害了，喊着："爸爸打人，打人。"牛牛爸瞧儿子坐在地上那可怜样，心软了，说："好了，好了，别哭了，我陪你出去，不过就待一会儿。"儿子一听，立刻露出笑脸，欢跳着跑出去了。

看看这位牛牛爸，最后的结果还是同意牛牛出去玩了，早知如此，又何必让孩子坐在地上哭一场呢？莫不如开始时就立刻同意儿子的想法，让他痛痛快快地出去玩。非要有一个孩子哭闹的过程后才同意的做法只会让孩子更加任性。

我的观点是：在是否同意孩子的要求过程中，即使父母有了改变主意的想法，但是孩子已经有哭闹的表现，那只能把与孩子不同的想法坚持到底。

还有的父母比较有意思，孩子提出一件挺合理的要求，可父母们偏要阻止一番，得经过孩子的再三央求才能同意。这样子的过程，实际上是在养成孩子的任性毛病。所以，父母在考虑孩子的要求时，一定要想想这个要求是不是可行，如果可行那就立刻同意，没必要非要等到孩子哭闹时再同意；如果不可行，那就即使孩子哭闹了也不同意。

只要父母做到观点分明，孩子也就不会在父母不同意的事情上费劲了，他们自然就会明白什么该做，什么不该做了。而能让孩子从心里明白这一点，父母光靠狠心也不够。"狠"是对孩子的不合理任性要求不能心软，而不是粗暴、蛮不讲理地对待孩子。

有些父母很喜欢在孩子面前要威风，本来孩子提出的要求很合理，可父母偏要显示一下自己的权利，非要持反对意见。这样的父母态度是够狠，可是狠的目的却不对，反而会让孩子为了达到目的想出其他办法。父母就把本来简单的事情弄复杂了，孩子还会对父母的强硬态度产生逆反心理，反倒会让任性更加严重。这种现象类似于前面说的“打出来的任性”。

因此，家长对付孩子任性使用的“狠”这一招要注意：“狠”下心反对的内容是否是合理和正确的。所以，希望家长在说出“不同意”前，要考虑清楚，这个“不同意”一旦说出口就不能反悔了。

身边的故事 4-1

有天小梅和同事孙虹去超市溜达，还带着孙虹 6 岁的儿子小宝。

他们一行三人有说有笑，超市琳琅满目的小吃让小宝高兴极了，他一会儿拿这个，一会儿选那个，可是孙虹却坚决不让他拿巧克力，原因是巧克力粘在牙上会牙疼。

但小宝却任性地非要买巧克力，孙虹跟他讲道理：“你忘了上次吃后牙疼时，你说再也不吃巧克力了，现在就忘记了吗?”小宝当然忘记了。小梅也劝孙虹说就买这一次得了。可是孙虹看小宝竟然不听劝，就把巧克力放回货架上，把小宝丢在原地，转身就走。小宝看妈妈不要他了，呜呜哭起来，跑着追妈妈：“妈妈，等等我。”可孙虹还是坚决地往外走，小宝的哭闹引来众人的侧目，弄得小梅都不好意思了。小梅听到有人说：“这妈真狠心。”那边说：“肯定不是亲妈，小孩子买点零食也不让。”

小梅连忙抱起小宝去追孙虹，这时孙虹已经出了超市，冷若冰霜地对小宝说：“小宝你要记住，对你有伤害的事我坚决不会同意的。”小宝出了超市也不哭了，说：“妈妈，我不吃巧克力了。”过了会儿小宝就忘记了这件事，又欢快地蹦跳起来，可是小梅却一直耿耿于怀。小梅悄悄地问:"我说孙虹,你也太狠了吧！没听到有人说你不是亲妈吗?"孙虹笑笑说:"看没看过《虎妈战歌》？那妈妈更狠,还骂自己的孩子是垃圾。我觉得吧,有时候对孩子就应该狠下心。现在独生子女被称为小皇帝,在家里能称王,到社会上后谁还会在意他？都说现在孩子任性不好管,我看父母就是缺少狠心。小宝从小被奶奶看管,任性极了,动不动就耍脾气。为了改掉他这个毛病,有一次,小宝哭了3个小时我也没同意他要做的事。后来,他看胳膊拧不过大腿了,那件事也就过去了。"小梅觉得孙虹说得有道理,也真领教了孙虹的狠心！孙虹又接着说:"谁不爱自己的孩子？关键是看怎么爱才能对他有利,有助于他的成长,那才是正确的爱。对吧！"

2. 用行动制止孩子任性,忌做唠叨的父母

一项跨国机构研究表明,不论是中国、日本,还是美国的孩子,最不能忍受的是父母的唠叨。

每位家长都是从孩童时代走过来的,当然不会忘记自己也曾讨厌过父母的唠叨,可为什么在为人父、为人母之后就变成了个爱唠叨的人呢？也许,这不知不觉中的改变,你自己都还没有察觉到,而这一切都源自于我们对下一代、对自己孩子的关爱。

孩子去上学,我们要叮嘱他小心过马路,上课认真听,放学快点回家。这些问题我们每天都要说至少3次。为了孩子的安全,我们不能不说,可是在孩子听来却成了唠叨。等孩子理解了唠叨就是爱,或许只有他们长大成人,有了切身的体会后才能感受到。而在这之前,你说一万句为了他们好,他们还是会把一切看做是无休止、让人烦恼的唠叨。

有的父母是说教似的唠叨,甚至是污辱孩子自尊心的挖苦、指

责、讽刺,这样的话语谁也不爱听,而且会大大降低父母在孩子心中的地位。面对整日里喋喋不休的唠叨,孩子们要么忍气吞声、压抑自己,要么与父母对抗、表示不满,家长越是唠叨,孩子越是不听。

那么怎么办？难道我们就此放弃唠叨,不再管他们了吗？不,当然不是。我们不唠叨,但可以用行动来制止。

同事家的女儿朵朵来办公室玩,小家伙特别淘气,一会儿跑出去,一会儿又跑回来。不大会儿,她不知道从哪里弄了一个足球,在走廊里踢来踢去,球撞门发出的声音很影响旁边班级学生上课。同事发现后,连忙跟朵朵说:“朵朵,不要踢了,影响大哥哥大姐姐们上课。”可是朵朵像没听到似的,还是在踢。同事大声说:“朵朵,妈妈说的话没听到吗？快把球收起来,我们一起画画。”朵朵仍旧在踢,看来这小家伙真是任性。同事更生气了,她说:“朵朵,你再不回来,我回家就打你。”朵朵大概是害怕了,委屈地说:“妈妈,别生气,别打我。”

这娘俩在走廊的说话声,都被教室里的学生听到了,他们发出轻轻的笑声。同事看到了,就硬把朵朵拉回办公室说:“让你小声点,不听话。”朵朵以为妈妈要打她,“哇”的大哭起来,这下好了,整个学校都听到她的哭声了,弄得同事特别尴尬。

她说:“看吧,以后我不会再带女儿来学校了。”我说:“其实朵朵这事特别好处理,你把事情处理复杂了。”她说:“我说不让她踢球她不听啊!”“我说:“那还用说吗？你直接把球抱回来,她没得踢了,不就回来了吗？”“嗯？我怎么没想到？”同事恍然大悟。

我的这位同事跟朵朵说了那么多,她还不听,反倒影响了教室里的学生,莫不如一句话不说,拿回球,朵朵就只能跟着她回到办公室。

再比如说,孩子看电视,你说:“快把电视关了,睡觉去。”孩子“嗯”了一声,可还在看。你又说:“我说把电视关了,睡觉!”这回孩子没吱声,电视声继续。你生气了,站在孩子面前说:“不许看电视了,睡觉。”孩子歪着身体,眼睛盯着电视说:“妈妈,别挡我。”你说:“还看,不是让你睡觉吗？我说了多少次了,你没听到吗？总是这么任性，这么小就不听妈妈的话了，长大我更管不动你了。”可是你说得再多也无用，孩子早已经练就了两耳不闻电视外的功夫。你的教育只会让自己更生气，孩子更烦你。而其实这件事很好处理，孩子到时间该睡觉了，你对着他/她指指表，用手按断电视电源，屋内一片安静。关了电视，孩子只好去睡觉。

其实，这招我曾经给女儿用过，女儿见我把电视关掉，气得在沙发上大跳，又哭又闹，她还跑到电视跟前要再次打开电视，我当即就把电闸给关了。那一晚上，女儿在黑暗中闹到大半夜才睡觉。

但这招也最管用，以后看电视时间一到，我关掉电视，她什么也不说，只好去睡觉了。所以说啊，家长该出手时就出手，不用跟孩子说来说去地唠叨个没完。

身边的故事 4-2

李秀娟觉得当女人真累，要工作还要照顾家里，而最累的就是管教孩子。女儿渐渐长大，叛逆心理也越来越严重，一件事李秀娟嘱咐她几次，她都记不住。李秀娟自己都觉得烦，可是她是母亲，又不能推卸教育的责任，所以，每当看到孩子爸在教育孩子的问题上一副事不关己的样子，她就来气。

每天女儿吃饭都不好好吃，一会儿哼哼歌，一会儿又大声说笑，李秀娟每顿饭都要教训她，但是女儿仍旧犯错。而这时候，老公总是像没看到似的，只管自己吃饭。李秀娟生气地质问他：“女儿到底是不是你的孩子，你为什么不管她？”老公还有理，说：“谁说我不管了，每天的作业辅导不都是我吗？再说，小孩子就是好动，那点小毛病不需要管教。”李秀娟反驳道：“小毛病也会养成大毛病，你不负责任。”老公不和她理论，走了，李秀娟只得独自生闷气。

一个星期后的晚上，老公跟女儿说：“宝宝，一会儿咱俩看个视频。”李秀娟也好奇，跟着他们看。这段视频是一个小男孩吃饭时说笑，结果被花生卡住气管去医院抢救的新闻。女儿看得很认真，老公对女儿说："危险吧！昨天发生的，我看后马上拿给你看。"女儿点点头说："为什么会卡住？"老公很耐心地给她讲了气管和食道的知识，女儿说："嗯，我知道了。"李秀娟明白了老公的意图，她偷偷向老公竖起大拇指。

第二天，女儿吃饭果然很认真，不再大声说笑，还提醒爸妈："吃饭不能说笑，太危险了！"等女儿上学后，李秀娟问老公怎么想到这个办法的。老公说："我想了想，你说得有道理，但是我可不愿做个整天唠唠叨叨的人。昨天我终于在网上搜到这么一段视频，就让孩子亲自看它的危险性。否则你说一百遍，她也不知道真实危险。老婆，以后有些事你不用总是说个不停，用更明确的实际行动不是更有效果吗？"李秀娟点点头，其实整天管这管那，她都觉得自己烦，用老公这个办法比说有效多了，谁还喜欢当个喜欢抱怨的唠叨人呢。

转眼女儿放假了，孩子无聊时最喜欢看电视，但是她总是一边看一边不自觉地离电视很近。原来李秀娟看到女儿这样，就喊一嗓子："向后点，别离太近。"可李秀娟说完后，女儿坐回沙发，但过一会儿她又蹭前面去了。李秀娟也曾对女儿的这个任性行为束手无策，但是受了老公的启发，她有了办法。

李秀娟找来一根五彩绳，用贴钩挂在墙上，把女儿控制在一个看电视距离适当的范围内。李秀娟对女儿说："看电视时不许越过这根绳子。"这次，女儿看电视时又习惯性地慢慢向电视跟前走，可是一遇到彩绳阻挡，她又回到沙发里。李秀娟看这一招见效了，心里轻松了许多，一根小绳省去了唠叨，而且教育力量更有效，真是太简单了。

3. 给孩子转变任性想法的时间

孩子任性是令家长们头痛的事情，可是从另一方面也说明我们的孩子有了主意，他们正在走向独立，正在慢慢长大。因为，孩子们终究是会脱离父母的独立个体，我们在纠正他们任性时就不可能让他们像“机器人”一样——程序输入一立刻执行一马上见效，因此，我们必须给孩子转变任性思维的时间。

任性孩子的特点是固执、坚持己见，很难接受其他人的意见，当家长提出反对他们的建议后，他们会表现出抗拒，并习惯用耍脾气来对抗。这个时候，如果家长要求孩子立即停止错误想法是不可能的。思维转变需要一个过程，孩子们理解家长的意图也需要时间，而家长在提出反驳孩子任性原因后，就是要等，给孩子几分钟的思考时间，让他们从思想上主动彻底改变，而非在家长的暴力驱使下，被动地改变自己的想法。“口服心不服”的结果就是孩子们会更加任性。

12 岁的小松最喜欢玩滑轮鞋，玩起来什么也顾不上，为此妈妈非常气恼。这天周五放学，小松放了学，扔下书包拿着滑轮鞋就要出去玩。

妈妈立刻拦住他说：“今天不许出去玩，写完作业我们要去看望爷爷。”

“我不去，你们去吧。”小松一边说一边穿滑轮鞋。

“爷爷生病了，他最想看到你，你不去爷爷会不高兴的。所以，今天你必须要去。明天可以玩。”妈妈严肃地说。

小松像是没听到，还在穿鞋。

妈妈生气了说：“你到底听没听见？我说不许去，就不许去。”

这时，小松已经穿好了鞋，他站在门口，要去开门。妈妈气愤极了，她一把拉住小松，小松没站稳，一下子摔倒在地，脑袋上撞了个包，哇哇哭起来。妈妈也很心疼，但是她没管，只说：“赶快起来，去写作业。”说着，趁机把小松的滑轮鞋脱下来，拿到其他房间。无奈之下，小松只好赌气去写作业。

去爷爷家时，爷爷跟他说话，他也不搭理爷爷，表现得很没礼貌。回来的路上，妈妈因此又批评了他。

那天的事情让小松非常郁闷,他觉得妈妈真是蛮不讲理。

在这件事中,小松妈在处理孩子非要去玩滑轮鞋的问题上表现得过于急躁。我们可以站在小松的角度来分析一下他的心理过程。

或许,小松兴高采烈地计划着如何玩得痛快,可妈妈却以去看爷爷为由阻止他,他当然会不高兴。在小孩子的年龄里,玩是最重要的大事,而妈妈不让他去玩,该是多么痛苦的事啊！于是,他表现出不同意、拒绝,任性地非要出去玩。这个时候,妈妈不应该用蛮横的办法加以阻拦,让小松摔倒在地受了伤,还以大欺小地强脱掉孩子的鞋。小松只能被动地接受妈妈的主意,而在他思想中出去玩比看爷爷更重要的想法根本没有改变,这才让小松去爷爷家用没礼貌来对抗妈妈的蛮横。

那么在了解了小松的想法后,妈妈可以这样来进行劝阻:在妈妈说出原因后,小松还在继续穿鞋子时,妈妈可以按住他的手说:“爷爷生病很难受,你和爷爷最好,难道不去看看他吗?”妈妈要给孩子时间来思索这个问题的严重性,也是让小松改变主意最直接的问题。也许小松会提出明天再看爷爷,那妈妈可以说:“明天再去玩不是也行吗？爷爷正在等着你呢,他最喜欢给你讲故事了,你忘了吗?”一个10 多岁的孩子是能够听进去道理的,只是要让他们自己想明白。妈妈的这些问题,就是让小松转变思想的理由。小松想起慈祥的爷爷,他会真心地想去看望他,这样他也就改变了固执地要出去玩的想法了。

有句话叫:心急吃不了热豆腐！特别是对习惯任性、不听家长之言的孩子来说,改变他们的固有想法更得需要时间。我们要了解孩子任性时的心理,先站在孩子的角度考虑一下他们为什么任性,然后再对症下药。而只是凭借粗暴来制止任性行为,是不可能达到纠正孩子任性毛病的,这样只会适得其反,让孩子对家长的任性反应更强烈。

身边的故事 4-3

嘉玲这孩子特别任性。眼看着孩子任性的毛病越来越严重，妈妈很着急，她深知任性的性格对孩子的成长很不利，可是却苦于找不到改正嘉玲任性的办法。

这天早上，嘉玲一切准备妥当，背上书包刚要出门，却突发奇想，非要爸爸送她上学。爸爸今天凌晨才出差回家，正在补觉，怎么能让他爬起来去送嘉玲上学呢？再说嘉玲已经四年级了，平时都是自己去学校的。所以，妈妈当然不同意嘉玲的想法，坚决地说："不行，爸爸很累，我可以送你去。""不行，不行，就要爸爸去。"嘉玲任性起来，嘴里不闲着，还跺着脚。妈妈担心她吵醒爸爸，就更加严厉地说："你这么大了，真不懂事。快去上学。"说着，就把门打开，推嘉玲出去。

这孩子力气还挺大，妈妈竟然没推动。这下可把妈妈气坏了，她也对嘉玲的任性达到了忍无可忍的地步，她掐着嘉玲的胳膊就往外拖。嘉玲和妈妈在门口较上了劲，她还大叫着："爸爸，爸爸，送我上学……"

吵闹声还是把爸爸叫起来了，他满脸憔悴地问："怎么了？"妈妈气得呼呼直喘，说："她非要让你送她上学，我不同意，这就跟我较上劲了。现在才四年级，力气就比我大，我还管不了她了呢？"爸爸说："这样啊！嘉玲，我即使送你去，可是我还没有洗漱，等到我准备完毕，你肯定要迟到挨批评。再说，现在你也要迟到了。"嘉玲看看表，果然要迟到了。爸爸看着时钟滴答滴答走，他不做声，是在给孩子自己考虑的时间。

嘉玲眼珠一转说："爸爸，明天你送我，行吗？""可以！"爸爸爽快地答应了。嘉玲蹦跳地走了。

嘉玲走后，妈妈气还没消。她说："孩子太任性了，怎么办？再不管教，我看她就成了小霸王了，说干什么就干什么。气死我了。"爸爸说："老婆，你就是着急。她让我送她上学，肯定有理由，你说不让我送的原因了吗?”“我说了啊,你太累了,要休息呀!”“可是你没给孩子思考的时间啊!孩子得从自己的想法中跳出来,站在我的角度才能理解我的辛苦。可是你还没给孩子时间考虑这个问题,就急着用暴力去让她上学,她只顾着与你反抗了,哪有时间考虑自己做得对还是错?孩子大了,想法也多,我们的任务是用耐心引导他们,纠正错误。”

听了爸爸的话,妈妈想了想,问:“难道我错了?”爸爸笑着说:“看吧,我说得这么明白,你都不能立刻想通,改变想法,那孩子更得需要时间了,是不?”妈妈也笑了。不过同时,她也想通了。

4. 有时孩子的任性是他们不知道哪些事不能做

是的,孩子总是在用实际行动去探知哪些事能做,哪些事不能做。而在这之前,在没有大人的明确告知之下,孩子们并不知道自己提出的要求是不合理的,在他们看来,一切皆可行,凭什么不可以呢?因此,孩子们会用任性来达到这些要求。所以,提前制订一些“家规”,对孩子提高自控能力,并改正任性毛病会有很大的帮助。

美国总统奥巴马为其两个女儿制订的“九条家规”在网络上曝光后,引起许多家长的热议。这九条家规中包括了“自己的事情自己做,比如叠被子、冲麦片、设置闹钟”;“每晚8点30分准时熄灯”……九条家规看似简单,但可操作性极强,且含义深远。而更重要的是,“家规”的制订,会让孩子明确是非观念,哪些属于合理要求,哪些属于不合理要求,有了“家规”的约束,孩子懂得“无规矩则不成方圆”的道理,为他们将来适应社会规则和人际规则打下了基础。

这天,同事小周早早地来到单位,赶制今天的新课教案。我笑着问:“是不是昨晚又看电视了,没完成工作。”小周愁眉苦脸地说:“哪有啊！是我儿子非让我陪着他玩，我说要工作，他就任性耍脾气，这一晚上只忙活他了。唉！孩子任性真是头疼。”我说：“这事我有个办法，你平时就给孩子灌输一些规矩，让他知道什么时候可以陪着玩，什么时候不可以。”随后就给她讲了自己的教子经验。

女儿喜欢打电话，特别喜欢抢我的电话。每次我正在电话里和对方谈论事情时，女儿就非要抢过我的电话，和对方聊几句。若是对方是家人或是朋友也就罢了，有时候对方是领导或陌生人，女儿把电话抢走了，弄得我很尴尬。有时候，来个电话，我得一手拿电话，一手推女儿。可我越是这样，女儿抢到电话的想法就越强烈，有时候就在我身边又哭又闹，吵得我都听不到电话的声音。

后来，家里再来电话时，我就提前跟女儿说：“我接电话时，不许抢，大人有重要的事说。”女儿点头后，我才拿起听筒，她站我旁边听了一会儿，又伸手要拿。我摇摇头，轻轻地说：“刚才跟你说过了。”女儿想了想，只好把手缩回去。但是有时候，如果是和女儿熟识的人来电话，我们聊完正事后，我会主动把电话给女儿，让她跟着聊一会儿。这样也满足了她聊天的欲望，同时，也告诉她我打电话时不能打扰的规矩。

小周听了我的做法，问：“那我就要提前告诉儿子，自己忙工作时他要自己玩。”我说：“对。但是，你也要空出一些时间陪儿子玩，只是工作时要严格遵守规矩。”

几天后，小周向我传达喜讯——儿子学会自己玩，不会总是缠在她身边了。

当然，一般孩子极容易忘记你给他们制订的规矩，所以你除了预先申明规矩外，当孩子破坏了规矩时就要严格按规矩办事。比如说，饭做好了，孩子却不按时吃，那过了吃饭时间，家长就可以收拾碗筷。等孩子饿了，管你要吃的，你可以明确地说：按时吃饭是规矩，你不遵守只能挨饿。这也让孩子知道，规矩是不能随意破坏的。

那么在给孩子立规矩时，需要注意以下几点：

第一,要明确"家规"的理由,告诉孩子为什么要有这样的规矩。

第二,制订的"家规"必须合理,让孩子明白,也能够做得到。

第三,制订的"家规"有惩罚,也要有奖励。

第四,注意孩子的发展,对规则随时进行调整。

第五,"家规"是建立在爱孩子的基础上,在执行"家规"时要让孩子感受到父母的关爱,而不要让孩子感觉家规都是一些"不平等合约"。

身边的故事 4-4

在这里我讲的还是我女儿的故事。

某天,我的朋友来家里住,我把小卧室的被单、枕套都换了新的,为朋友准备了一个舒适的环境。到了睡觉时间,我把朋友带到小卧室,朋友看着可爱的新床单说:"这么漂亮啊!你真客气。"我笑说没关系,可是女儿看到后也喜欢得不得了,跳到床上不下来,说什么也要在这上面睡觉。

我连忙说:"今晚阿姨要住这里,宝宝要听话,明天再来。"女儿倔强地说:"不行,让阿姨和你们一起睡。"朋友笑了说:"那可不行。"好说好商量,女儿就是不听,我只好生气地说:"快去睡觉,别在这打扰阿姨休息。"女儿一听,大哭起来,躺在床上不起来。朋友无奈地说:"要不,我睡沙发吧!""不用。"我抱起女儿就走,女儿在我怀里又踢又叫:"不让阿姨睡,不让阿姨睡。"我尴尬地冲朋友笑笑说:"不好意思,这孩子太任性了。"然后,我把我们卧室的门锁上,女儿出不去,哭了好久才停止。

这件事弄得我特别难堪,我想我的朋友以后说啥也不会再来我家住了。

好像是几个月后吧,我三姨来市里办事,要在我家住一晚上。三姨还没来时,我担心女儿还会因为睡觉而大闹,就跟她说:"今晚三姨姥来咱们家住,你要听妈妈的话,不要跟三姨姥争房间,否则妈妈就不喜欢你了。”女儿听话地点点头。

但是，当她看到我给三姨铺的床很舒服的样子，又坐在上边不动了。从她的表情我就看出了她的想法，趁三姨洗脸的时间悄悄地跟她说：“咱们说好的，不跟三姨姥抢房间。你又要犯规吗？宝宝听话，明晚你再来睡，妈妈还给你布置得这样舒服。”女儿犹豫了一会儿，我拍拍她屁股，抱着她回到我们的卧室说：“宝宝真听话，妈妈最喜欢你了。”女儿见我表扬她，高兴极了，竟跑到三姨跟前说：“三姨姥，今晚你睡那里，明晚我再睡。”三姨不明白怎么回事，我只好笑而不语。

这件事后，我体会到给孩子立规矩的好处。以后，在我带孩子出门时，都事先跟她说一些规矩，如不买玩具，不去游乐场，不买街边小吃……规矩明确，在女儿出门前她会有些心理准备。当她在街上遇到这些她喜欢的事情时，我会说：“咱出门前可是说好了的，你不守规矩，下次我只能把你留在家里。”通常说这样的话时，女儿会恋恋不舍地跟着我走开，但是她哭闹的次数也越来越少了。

5. 给孩子定规矩不随你的心情改变

我在前面介绍了制订家规的重要性和必要性，但是在这里是要提醒家长们，规矩一旦制订，就不要随便无理由地破坏。如果你是根据自己的心情来决定规矩的执行情况，那就会让孩子产生判断上的混乱。

其实，在前面也介绍过了，孩子很聪明，善于察言观色。如果对于规矩的执行，你心情好时，对孩子犯的错可以容忍；而情绪低落时，就会对孩子严厉批评，执行的随机性很强，久而久之，孩子就会错误地认为，家规只是徒有虚名，爸妈的心情才是最重要的。这样做会使家规失去对孩子的约束力，那么纠正孩子任性的毛病就会更加困难。

而对孩子影响更深的是，孩子学会察言观色，会造成他们忽略规则，而只会看别人的脸色行事的处世态度。

在这里我还是要说一说同事小周家的事。因为我跟她讲了给孩子订家规的实效性，小周的确认真执行了一段时间，儿子改掉任性的毛病也有些成效。可是过了一段时间，小周又满脸愁容地来找我说：“杨老师，我订的家规孩子越来越不当回事了。”我挺吃惊地问：“不能吧！一般家规严格执行几次后，孩子就会形成思维定势，他不可能犯规啊！”小周说：“就说昨晚，我不允许儿子吃街边的烤串，可孩子又在大道上耍脾气了。”我问她：“那你制订这条规矩后，有主动破坏过吗？”小周想了想说：“其实，我也爱吃烤串，有时候馋嘴时买些回家，孩子也跟着吃。”“找到原因了，规矩都订下了，你却犯规，那孩子怎么能守规呢？”小周听后，说：“原来如此。唉！”

有家长可能会说：规矩是死的，人是活的，有些事也要随机应变吧！这话也有道理，但是既然有回旋余地的规则，那我们大可不必给孩子确立。这是因为，孩子的随机性本来就很强，他搞不懂有一些事为什么今天可以，明天就不可以，孩子心中定位模糊，他们便无法判断对与错、可以还是不可以。就如小沈阳那句经典台词：“有还是没有？”答案得看家长的心情，那孩子为达到目的，就会先取悦大人。不信？看下面的例子。

表弟家的孩子小西才 9 岁，特别会哄人，这样的孩子挺招人喜欢的。有天表弟带他来我家玩，小家伙对一切都感觉很好奇，一会儿看看这儿，一会儿摸摸那儿。小西对那棵玉白菜很感兴趣，说实在的，我很担心他会不小心把白菜掉到地上摔碎，就总是看向小西。可表弟却没发现小西的危险行为，他和我大谈最近的股票情况，向我传授他的经验。但是我可没心思听，看到小西举起玉白菜，终于忍不住了，说：“小西，快放下，拿不住会掉下来的。”表弟连忙跑过去制止，小西却一点也不害怕，笑嘻嘻地说：“爸爸，我就摸一摸，你看这白菜多大，能不能吃呢？爸爸，我今天表现多好，你就让我摸一摸。”表弟立刻笑着说:“行,摸一摸,但不许拿。”小西连声答应,表弟又转过头和我接着聊。小西玩够了白菜,又去翻书柜,他把底层的书都拿出来,弄得屋里乱七八糟。

很久,表弟才发现,瞪着眼睛说:“我都说过不许翻别人家的东西,你就是不听,看看吧,弄得屋子乱七八糟的,以后不带你串门了。”小西撅着嘴不高兴,我看出他是不服气。

我把表弟叫到厨房说:“你教育孩子方式不对。刚才,你允许他乱动玉白菜,现在却不允许他翻书。在孩子看来,这两件事没什么区别,你的要求却不一样。你的管教太随性,孩子当然不会听。”表弟想想说:“难道小西总任性就是因为我的随性吗?”我点点头。

我想,表弟一定给小西订过到别人家不许乱翻东西的规则。可是小西已经完全掌握了爸爸的脾气秉性,只要自己表现乖一点,说点好听的,爸爸就会允许他犯规。而爸爸一旦心情不爽,自己表现再好也要挨批。别看小西表面上跟爸爸讲些好听的话,可是他心里对爸爸并不服气。若是小西稍大一些,还会对爸爸有厌恶之感,会认为自己的爸爸很肤浅。

现在的孩子受网络等媒体的影响,对自己的父母要求都很高。而一个不讲原则,靠心情来决定事情的家长在孩子心中会失去威信。因此,家长在教育孩子犯错的问题上,一定要态度鲜明,坚持原则,这样教育孩子才会更有说服力,孩子才会自觉遵守规矩。

身边的故事 4-5

10 岁的江雨放学后,在回家的路上踌躇不前。这次,他测验才得了 70 分,爸爸说了,达不到 90 分,一周不许看电视。江雨可不想受这个惩罚,他要想办法“救”自己。

回到家,江雨表现特别好,他看到爸爸正在看电视,连忙说:“爸爸,我写作业了。”爸爸看江雨没张罗看电视,心情大好,说:“好孩子,写完作业再看啊!”江雨看出来,这是爸爸忘记测验的事了,真是太好了。江雨也没提测验的事,这件事就这样在不知不觉中过去了。

大约过了半个月,这天,江雨一踏进家门,就觉得气氛不对,爸爸正虎着脸等着他回来。江雨心里"咯噔"一下,仔细搜索着自己最近犯了哪条家规。

爸爸发话了:"我昨天看到小明的爸爸了,他说上次你们测验了,我怎么不记得你告诉我分数呢?"江雨心想,原来是这事啊!他慢慢拿出上次的考试卷子,爸爸一看才70分,突然想起曾经说过的规矩,说:"我说过,得70分一周不许看电视,你要遵守啊!"江雨却又拿出一张卷子说:"爸,那是上次的测验,过期了。看,这是昨天的测验,我得了95分。"爸爸拿过试卷,果然是昨天的日期,他无话可说了,江雨得意地说:"我没犯规吧!"爸爸总觉得哪里不对劲,可是又没有办法。

江雨上初一了,放假期间,同学约他出去玩,可是爸爸说过,这个假期要重点补习英语,不允许他去外地。江雨绞尽脑汁,想了一个办法。

周六,江雨一大早就起来背英语单词,而且声音特别大。爸爸听见了说:"儿子,英语提高得很快呀!看来我的决定是正确的。"江雨说:"那当然啊!老爸的决策一直都是对的。我昨天在英语辅导班得了98分呢!"说着,他把卷子拿出来在爸爸面前一晃,爸爸显然特别高兴,他说:"老爸我小时候英语就不好,你给老爸争气了。"江雨趁机说:"我是谁的儿子啊!爸,今天天气真不错,小明爸爸让他去灵湖玩,真让人羡慕。"此刻,爸爸仍沉浸在模范爸爸的骄傲中,他一听是小明爸爸,就说:"你也可以去,好好玩玩。"江雨一听,狂叫一声,扔了英语书就跑出去了。爸爸拿起书桌上的卷子仔细一看,那98的数字竟然是江雨自己改的,按改的痕迹看,原来应该是76分。

好小子,敢骗老子了!爸爸气坏了,狠狠地想:回来非处罚他不可。

可是到了晚上江雨才回到家。他料定爸爸会发现修改分数而发火,早就想好了对策。果然,爸爸正在等他回来,一脸的气愤,眼睛瞪得圆圆的。江雨什么话也没说，爸爸刚要扬手打他，那边电话响了："叔叔，我是小明。我告诉你，今天江雨可勇敢了，我们去玩时，看到一个小女孩不小心掉到河水里，是江雨把她救上来的。"爸爸一听，回头看看江雨浑身湿漉漉的，信以为真，放下电话说："你还挺像个男人的，不过，是男人就不能骗爸爸改分数。听到了吗？"江雨爽快地答应了，看来这一关又过去了。

第二天在英语班，小明问江雨，昨天挨打没。江雨拍拍胸脯说："我这么聪明，还能挨打？老爸还表扬我了呢！"小明说："你爸咋那么好骗呢？"江雨说："只要让他高兴，所有的问题都不是问题。"

就这样，江雨一而再、再而三地以欺骗老爸的方式，达到自己的目的。在上高中时，他因为旷课被老师找家长，爸爸还不相信这是真的。在他心目中，自己的孩子聪明、懂事，怎么能是旷课的孩子呢？而且，明明家规中有"不许旷课"这一条啊！可是，爸爸没明白原因，江雨这学是怎么也读不下去了，他因长时间不听讲，物理、数学、英语根本听不懂，只得辍学打工去了。

儿子去南方打工了，爸爸看着贴在墙上的"家规"，生气地都给撕了下来，他至今也不明白，制订的家规到底错在了哪儿。

6. 大人和孩子在家的权利是平等的

在和孩子们聊天时，我常听到这样的抱怨："爸爸妈妈总是让我早点睡觉，可他们却看电视到很晚。""是啊！他们不让我与人吵架，可却和邻居吵来吵去的。"……这就是许多家长所谓的"家训"的执行结果，而这些情形在大多数家庭中都有发生过。

我把这种情况称为"一家两制"，"家规"专制于孩子，却对大人民主，难道就是因为大人掌握着家规的制订权，就可对家规为所欲为吗？父母只管给孩子立下各种规矩，却从来不对自身的坏习惯进行约束，这对孩子来说实在是“不公平”。而在孩子身上的体现就是，他们对家规不服气，在家长对其管束时，他们会用更加肆无忌惮的任性来反抗不平等。

国有国法，家有家规。在孩子的成长中，我们要从小培养他们遵守各项规则制度的自我约束能力。虽然说家规不是合同，也不具有法律效力，但是大人和孩子都属家庭成员中的一位，他们在遵守家规上是平等的，父母应以身作则，给孩子以榜样示范的作用。

在许多家庭中，常常会有这样的现象，父母一边打游戏或是一边看电视，嘴里还不忘提醒孩子：“你别看了，快去看书，写作业。”其实，这样的父母很不负责任，你玩得不亦乐乎，却口口声声教育孩子去学习、看书，孩子就是坐在书桌前，耳朵还听着你的电视声、游戏声，哪能把心思放在学习上啊！

在我们市去年就发生了一件事，一位单亲爸爸特别喜欢去酒吧喝酒、跳舞。晚上，他吃过饭就让奶奶看着儿子在家学习，自己出去狂欢。同时，他还告诉儿子，不许跟乱七八糟的朋友来往，不许学会抽烟，不许偷偷喝酒。但是一个70多岁的老太太怎么能看住孩子呢？等老太太睡着了，儿子就偷偷跑出去跟社会上的小混混在一起，抽烟、喝酒、谈恋爱。

有天晚上，这位爸爸喝得醉醺醺的往家走，在路上正好遇到儿子和一帮小混混在一起。爸爸走路时不小心撞到了他们其中的一个人，这帮家伙也喝了酒，就把这位爸爸围在中间一顿毒打。行人打了110，警察把他们都带到了派出所。

在派出所明亮的灯光下，爸爸才看到刚才打自己的人中竟然有儿子。他暴跳如雷，在派出所就发威，非要打断儿子的腿。儿子也吓坏了，他知道爸爸的脾气，趁派出所警察不注意，撒腿就跑，爸爸在后面追也追不上。结果，儿子拼命地跑，却没注意前面的车，撞车身亡了。

爸爸失声痛哭，可是悲剧已经发生，再多悔恨的泪也于事无补，而留给我们的却是深深的思考。

这位爸爸错在了哪儿？有句古话叫：上梁不正下梁歪。家长的榜样作用在家庭教育中非常重要。但是，很大一部分家长知道坏习惯对孩子影响不好，他们一个劲地给孩子制订规矩，不许干这个，不许做那个，但却从来不改正自己的坏习惯。这样的做法会使孩子失去对家长的信任，并且会使孩子越来越难管。

综上所述，家规不仅仅是立给孩子的，当父母的更要严格遵守，且家长要起到带头作用，坚持不懈地遵守家规。家庭成员之间可以互相监督，不光是大人监督孩子，孩子也要监督大人。谁犯规了都要受罚，不能因大人的一手遮天而随便破坏规矩的执行。只有在民主、平等的环境下，才能真正发挥家规的作用，才会让孩子懂得遵守社会规矩的道理。

身边的故事 4-6

周末，宏友的爸妈从镇里来这里玩几天，宏友和妻子热烈欢迎，儿子张桐也很兴奋，因为有爷爷奶奶陪他玩，他就不会无聊了。

可是爸爸妈妈才住几天，就有点待不下去了。为啥？宏友家的“规矩”太多，让老人无所适从。就说看电视的事吧！老头老太睡不着觉，每天晚上都看到很晚，可是宏友规定 8 点必须关电视，老两口只好回自己的房间看，可那台小电视没有闭路线，收不来他们要看的台。

老头也委婉地跟儿子说了这事，儿子为难地说：“爸，您看张桐也是个小电视迷，你们在客厅看，他能去睡觉吗？”老太太背后跟老头说：“是不是儿媳妇拐弯抹角让咱俩走人啊？”“走人？这是咱儿子家，我想怎么住就怎么住。”老头才不信那个理。

老两口心里有了这个结，在这里住着就总觉得儿媳妇是在找他们的麻烦。就像那天中午，儿媳做好饭，叫大家吃饭。儿子家的规定是吃饭必须按时吃,否则刷碗不等人。老头正看书,他便拿着书到桌上,一边吃饭一边看书。小孙子看见了大声嚷:"吃饭不许看书,爷爷犯规,妈妈批评他。"爷爷笑呵呵地说:"我就看完一个故事,马上,马上。""爷爷不守规则,爷爷不听话。"小孙子不依不饶。

儿媳不好意思地说:"要不,爸一会儿再看吧!"老头一听,忍着几天的火气腾就冒出来了,他说:"我看个书,又不影响你们吃饭,不吃了。"老头一推饭碗,转身走了,老太太见状,也不吃饭,转身走开了。

儿媳尴尬地看着他们,觉得很委屈。张桐不理解,还一个劲地问:"妈妈,爷爷奶奶怎么不吃饭了呢?他们是不是自己惩罚自己了?"

晚上,宏友下班回来,老头把他叫到屋里说:"我们明天就回去。你帮我们订火车票吧!"老太太在旁边掉眼泪,宏友吃惊地问:"怎么了?这是为什么啊?"老头说:"问你媳妇去,我算白养你这个儿子了,唉!"宏友突然笑了说:"爸,妈,你们误会了,中午的事她给我打电话了。我们不允许张桐做的事,大人也不可以做,家庭成员在规则面前是平等的,否则,还怎么教育他呢?再说,一边吃饭一边看书,的确对身体不好啊!""她还恶人先告状了?你这个傻儿子啊!"老太太更委屈了,呜呜地哭起来。

这还说不通了呢!宏友束手无策了。他离开父母的房间,媳妇看他的脸色就知道没谈好,她也很委屈,她说:"老人家不懂教育孩子的方法,我哪儿做错了啊?"宏友叹着气睡觉了。

第二天,宏友和媳妇送走爸妈,而自始至终,老两口都没和媳妇说过一句话。

这件事似乎就这样过去了,老两口回到镇上,想到儿子算是白养了,心里就难受。这天,两个人在广场上遛弯,那边一对父子吵了起来。就听儿子大声说:"你不让我抽烟,凭什么你就可以抽,我现在已经不小了,我 18 岁了,你管不着。"儿子的质问,他的爸爸一句话也说不出来。儿子愤然离去,爸爸垂头丧气地走了。

老头看到这一幕，想起儿子说的那句“凭什么你可以抽”的话，心里一激灵，想起在儿子家，自己不遵守家里的规则，小孙子也会说这样的话吧！他一下子明白了，儿子、媳妇说的是对的，他们这两个“老小孩”太可笑了。

第二天，老头和老伴商量，一大早就赶到儿子家。老头向媳妇、儿子认错，说：“我老头子糊涂了，在教育孩子问题上要家庭成员遵守规则，不能有例外。”弄得媳妇也不好意思，宏友说：“爸，妈，这次多住几天，今晚我们去吃火锅。”

7. 改掉孩子任性，从小事开始

教育孩子无小事，事事须尽力。

在这本书中，我围绕着如何改掉孩子任性的毛病，讲了很多方法，希望能让家长有所受益。但同时，也要提醒家长们，不论你使用哪种方法来应对孩子的任性，有一条需要坚持的原则就是：改掉任性要从小事做起。

其实，正如前边所介绍的一样，孩子的任性是大人一点一点惯出来的，而往往开始时都是家长在一些小事上的放纵。俄国著名教育家马卡连科曾告诫我们：“孩子智力开发与艺术素质从小培养固然重要，但生活习惯的教养也绝不能忽视，且教育必须从细节开始。”

有很多家长总是埋怨自家的孩子太任性，教育起来费神又费力。我同事小卢就这样抱怨过孩子，她的女儿今年也就 8 岁，在学校老师的孩子中可算得上是个小霸王。有次，在办公室，女儿要吃臭豆腐干，小卢说一会儿还有课，中午再买，可女儿说啥也不同意，在办公室耍起了脾气。最后是同事跑下去给她买回来，她才消停下来。我们都开玩笑说：“小卢是被她女儿给制住了。”小卢听了也不生气，说：

“就是啊，她就是不听我的呢！我也管不住她的任性啊！”小卢的脾气也挺厉害呀，为什么就管不住孩子呢？

但是过了一段时间，我就明白了是怎么一回事。那天我们监考，小卢又把孩子带到学校。这天女儿穿得挺漂亮，特别是那双拖鞋很别致，我们问她这鞋在哪儿买的，女儿骄傲地昂着头，小卢笑吟吟地说：“是她自己剪的。那天，她非要把凉鞋的带子剪掉，就变成了这样的鞋，还把我那双三百多的凉鞋也剪了。”有的老师说：“这孩子挺有创意的。”但是我心里想：也许小卢认为孩子随便剪鞋子不是任性行为，可以放纵，但在孩子心中所谓的小事和大事都没什么区别，所以当小卢管孩子其他的任性行为时，她才会不听话。我应该找机会和小卢谈谈才行。

像小卢这样的家长并不在少数，大人所认为的小事可以任性，而所谓的大事就坚决不允许，在孩子心中的印象是：大人一会儿管我，一会儿不管我，他们反复无常，出尔反尔。慢慢地，孩子对大人的所有管束都不放在心上了，生活就是由一些小细节构成的，家长对孩子的任性管束粗枝大叶，孩子的良好习惯就很难养成。

这是因为，孩子的自我控制能力很低，他们的习惯就是在一点一滴的生活细节中养成的。而若是家长对一些如饭前、便后要洗手，睡前要刷牙，按时睡觉等一些看上去很平常的事情放任不管，他想怎样就怎样；在这些事情上提出一些条件，家长就满足，那么，孩子便会养成任性的习惯。等到孩子提出的无理要求家长无法实现时，或者是家长所谓的不允许的大事时，家长这个时候再来阻止孩子的任性，那可不费劲了吗？

在我家，女儿总是跟姥姥任性，我妈为此很苦恼，她总结说：“孩子还是得爸妈管，其他人都管不好。”我说：“不是的，出现这种现象的原因是在您和她的相处中，您总是在一些小事上放任她。”

十一国庆假期，我和女儿共同制订了假期写作业时间表。假期第一天，我出去办事情，回来后看到女儿在玩拍球，我以为她写完今天的作业任务了，就说：“今天速度很快呀！我一会儿再检查作业吧！”女儿却说：“我还没写呢？姥姥说下午写也没关系。”我坚决地说：“不可以，我们制订了学习时间表就要严格遵守。你现在不马上去写作业，中午的动画片时间只能取消。”女儿撅着嘴向姥姥求助，我面无表情地说：“快去吧！”女儿只好去她的房间写作业了。

我妈妈小声说：“我想这是放假，什么时候写都行，你何必小题大做呢？”我说：“既然已经制订了学习时间表就要执行，虽然表面上看什么时候写作业都可以，只要她完成这一天的任务就行。可是她会因此养成拖拉的毛病，而且如果大人都不积极履行计划，以后再说话就没有分量了。而您在这事上对她惯着，由着她性子，以后其他的事她就还是敢和你任性。”

我妈听了，略有所思。在以后的日子中，我发现她有所改变，女儿对她的要求也能够听进去了。

“细节决定成败！”在教育孩子任性问题上更是如此，当家长真正认识到这个问题时，就要从孩子的生活细节中入手，纠正孩子的任性行为。

身边的故事 4-7

假期，古小乔和朋友带着各自的孩子结伴去游玩。那天天气很好，山清水秀，大人心情舒畅，孩子们玩得也欢乐无比。

聚餐的时候，小秦的儿子不吃饭，要去旁边的葡萄园摘葡萄吃。葡萄园里的主人不在，只有一只狗在看护，小秦跟儿子讲，等一会儿园子的主人回来再去，现在去，那只狗会咬人的。可小秦儿子不同意，非要去，还耍起了脾气，古小乔怎么劝也劝不住。小秦气坏了，打了儿子一巴掌，儿子这才停止任性，乖乖跑到小朋友那里吃饭去了。

小秦不好意思地说：“我这孩子天生拧巴，不打他一巴掌就不好使。唉，看你们的孩子多听话，一点也不任性。”朋友说：“是啊，你讲道理他也不听，看来巴掌比道理管用。”古小乔提出反对意见：“我不建议用打来阻止任性，他只是口服心不服。”小秦说：“那你遇到这么个任性孩子怎么办？”古小乔说：“任性也与你有关。”小秦不同意，两个人唇枪舌剑，开起了辩论会。

这时，小秦儿子跑过来说：“妈妈，我要给爸爸打电话。”小秦说：“爸爸出差了，打电话浪费电话费。有什么事？”“我跟他说葡萄园里有狗。”看来这孩子还惦记着葡萄的事呢！小秦说：“就这点事，不用说了，今晚爸爸回来再说。”儿子不同意，唧唧歪歪地说：“不，我就要打，就要打。”“行了，打去吧！”小秦把电话递给了儿子。

“哈，找到证据了。”古小乔笑呵呵地说，“你家孩子任性的毛病就是你培养的。刚才他要打电话和爸爸说没有意义的事，浪费电话费，这是不合理的要求，你应该制止，但是你却同意了。所以，儿子的任性是你给养成的。”

小秦还要反驳，儿子打完电话又说：“妈妈，我要回家。”“为什么？”“在这儿没意思，快走吧。”“不行，我刚刚同意你的要求，你就得寸进尺，是不是还想挨打？”儿子只好又跑了。

古小乔又指着小秦说：“看看，这件事你又用粗暴的方式制止了他。那打电话的事为什么就可以同意？这件事就不可以呢？”“因为打电话是小事，他又要回家，那我们得一起回呀！”“只要是不合理的事就不是小事。你在所谓的小事上迁就孩子，而在所谓的大事上管制孩子，你这样反复无常，孩子都弄不懂哪些事可以任性，哪些事不可以任性了。你说孩子任性不好管，可是在所谓的小事上又允许孩子任性，你这不是自相矛盾吗？”古小乔的话句句铿锵有力，朋友们也都点头说：“小乔分析得有道理。小秦，你好好想想。”

小秦看着古小乔得意的样子，嘴上说不服气，可是心里同意她的说法。自己的确是这样，在一些小事上对孩子要求松，而只有在太出格的事上才要求严。自己在孩子那里没有原则性，更没有威信了。所以，孩子才经常会和自己大呼小叫地耍脾气，也不把自己的要求放在眼里。

回到家后，小秦试着改变对儿子的管教方式。晚上9点多，儿子非要去买雪糕吃。若是在往常，儿子的这一点要求小秦肯定会满足的。但是这一次，她不同意。儿子又哭又闹，还穿上衣服自己要去。小秦知道外面黑糊糊的，儿子不敢下楼，因此不管儿子怎么闹，她都无动于衷。老公也挺奇怪，偷偷地问："咋了？受刺激了？要不我去买吧！""谁也不准去。从今天起，儿子，你的不合理要求一律制止。我说到做到。"说完，她躺被窝里睡觉了。

儿子看妈妈睡觉了，哭了一会儿也睡觉了。

这半晚上的大闹，估计影响了邻居，可是小秦发现，她再拒绝儿子的不合理要求，虽然儿子不能及时转变，可不会像原来那样嚣张地哭闹了。小秦偷着乐，看来得请古小乔吃顿饭，表示一下谢意。

8.怎样惩罚任性的孩子才会达到教育目的

对于任性习惯已经养成的孩子，只靠正面教育、引导是不够的，适当惩罚也可以成为一种积极的、有效的教育手段。正如捷克的教育家夸美纽斯说过：犯了过错的人应当受到惩罚。但是他们之所以应受惩罚，并非因为他们犯了错……而是为了使他们日后不会再犯。

一提到惩罚，家长们可能立刻会想到"棍棒出孝子"的古训，诚然，惩罚是包括对身体的处罚，但是惩罚并不等同于体罚。对待孩子的任性，用惩罚身体的方式让孩子们痛苦，这是一种虐待，根本起不到本质上的教育。

而对孩子的惩罚也不仅仅只是体罚，惩罚的方式有很多。比如说，吃饭时间到了，孩子坐在饭桌前说不爱吃这个，不爱吃那个，实际上他是想买烧烤类食物，我们不能让他养成挑食和爱吃零食的毛病。所以，孩子的借口我们不必跟他解释，他不好好吃饭，那我们吃过后，就可以把饭菜收拾走。过一会儿,孩子肯定会喊饿,那我们就可以告诉孩子,不好好吃饭就会挨饿。这个时候,你可千万别去为孩子买烧烤或其他零食,让孩子饿一次半次没什么大不了,下一顿饭提前些时间吃就可以了。这样的惩罚手段会让孩子深刻体会到不好好吃饭,真会尝到挨饿的滋味呢!他也就不会再挑食,不好好吃饭了。

这样的惩罚手段,会表达出大人对待不同意事情态度上的坚决,这样孩子心中那种"以我为主,我说了算"的任性行为,就会在他们的心中慢慢消失。因为,他们想拥有这样的特权,可在没有人支持的环境下也实施不起来,他们只能把这种行为收起来。

但是需要提醒的是,对孩子任性时提出的惩罚一定要坚持住。不能因为孩子的哭闹而妥协,像吃饭的例子,如果你担心孩子饿坏了,就在吃过饭后又去买些零食回来,那么孩子只能是变本加厉地继续任性了。

我对女儿的一次惩罚,让她至今记忆犹新。女儿一年级时,非常不喜欢老师留听写生字的作业,可老师每天都留,她就把这项作业放到最后做。听写生字一般都是我来帮着完成,但是女儿每次都很费劲。我在这边读字,她在另一边一会儿抠抠橡皮,一会儿摆摆文具盒,总是要等我喊:"写完了吗?"她才动笔去写。

时间长了,她总是这样我也烦了。有天,我说:"每课就那么几个生字,你得听写半个小时。今天快点写,行不?"女儿说好,可是写起来还是边写边玩。我把书合上说:"你不愿意听写,就不听写了。把本子收起来吧!"女儿愣愣地看着我说:"那我就没完成作业了。"我说:"没完成就没完成呗!你写得那么慢,我没时间陪你了。"说完,我看书去了。女儿去找爸爸,我悄悄地摇头,爸爸的说法和我的如出一辙。

这下,女儿真有点害怕了,她刚入学,老师的话就是"圣旨",没完成作业的罪名太大了,她可不敢承担。女儿哭着说:"我快点写,你给我听写吧!"我见女儿重视了这件事,就说:"以后听写不要边写边玩,写其他作业也是这样。如果你不爱写，我们就不写作业，把作业本撕掉。"女儿连连点头，我再次拿起书听写时，她很快就完成了。

后来，我看尹建莉老师的《好妈妈胜过好老师》一书中也提到了孩子不爱写作业就惩罚他们不写。我想，这是对孩子的一种反向惩罚吧！孩子不喜欢什么那就惩罚他们不许做什么。孩子不喜欢按时睡觉，那就不许睡觉；孩子不喜欢收拾好书包，那就什么也不准备好就去上学……这样的惩罚手段，会让孩子们体会到任性的结果，不睡觉会困，不收拾好书包，第二天上课没有书本。这样的体验过程要比身体上的痛苦来得更深刻吧！

身边的故事 4-8

李林在办公室大声说："孩子任性就得打，体罚是非常必要的。"他讲话的姿势像领袖，逗得大伙哈哈乐。

李林也有他的理论，他说："我儿子像我小时候，淘气、好动、脾气犟。我小时候，大人不让我爬房顶，我偏要去，结果从房上摔下来，腿骨折，还挨了顿打。以后我再也不敢了。对付我儿子，我还用这招。昨天他把不喝的牛奶倒在地上，我拍他两下，他就不敢了。"江明说："李林，你不敢爬房顶是腿骨折疼的，还是被打怕的。"李林说："两样都有吧！"大伙哈哈大笑。

李林的教子方法看来是继承了上一辈的经验，可是在他儿子身上会有效果吗？

这天，李林带孩子出去玩，孩子相中了一个吹泡泡器。巧的是李林没带钱，没办法买。可孩子就不干了，在外面耍起了脾气。李林碍于面子，没打孩子。可孩子这样闹下去，他也没法收场啊！正好江明也在这儿闲逛，看到这一幕，便借了钱给李林，才让孩子安静下来。

江明问："孩子任性不是要打吗？你怎么没办法了？"李林说："我在这打孩子，110不得把我抓起来啊！关键是丢人现眼啊！""你也知道这方法不好啊，那还口出狂言，一定要打。"江明嘲笑地说。李林皱着眉说："说真的，像我儿子这样顽劣的孩子光是口头教育不管用，只能用惩罚的方式，他才能记住教训。你说除了打，还能怎么做？""方法很多啊，隔离、独处，像刚才孩子非要买玩具，你就取消他继续在这儿玩，立刻带他回家，并且3天不带他出门。"李林说："这样行吗？""行啊，你试一试吧！你儿子大了，但是你的教育要把这种惩罚和任性行为联结在一起，告诉孩子是因为有了任性行为才会有这样的惩罚结果，才能起到教育目的。"

回到家，李林当即现学现卖。他严肃地对儿子说："今天你在大街上哭闹，我不打你，但是3天我们都不带你出门。"儿子问："为什么？""这是对你今天任性行为的惩罚。""那我就在家玩泡泡机。"儿子反驳说。

但是孩子对一种玩具的新鲜时间很短，第二天傍晚，儿子就待不住了，跟李林说要出去。李林说："忘了昨天说的话了吗？"儿子又要耍赖，李林强忍着没有动手说："你要是再大哭大闹，我只能增加到4天。"儿子只好看书去了。这3天，李林和老婆坚持不让儿子出门，儿子想偷偷溜出去都不可能，因为3天李林都放假。3天后，李林儿子终于逃出了"监狱"，在阳光下呼呼地跑。儿子说："爸，还是外面好。你这招真狠。"李林说："打你记不住，这样你总该牢记教训了吧！"儿子什么也没说，又跑去玩了。

那边又有卖玩具的了，儿子眼巴巴地瞅着，愣是没敢提一个买字。李林偷偷地乐了……

9.改变孩子性格需要你有十足的耐心

作家洁尘从一个母亲的角度提出："养育子女，三分教，七分等。父母对孩子的教育，更多的应是一种身体力行的示范，并且要有足够的耐心……孩子就像树一样，长慢一点，说不定质地更紧密细致。”

孩子是有血有肉有思想的独立的人，他的成长是一个循序渐进的过程，这个过程的发展也许并不是一帆风顺，会遇到很多阻力，如不良的生活习惯，不可取的性格品质……这些阻挡孩子成才的障碍我们要一一帮他们清除掉。但是坏习惯是慢慢养成的，不良性格品质也是一点一点形成的，那么，我们要祛除“杂质”当然也得需要时间，不可能一蹴而就、立竿见影。在这个过程中就得需要家长有十足的耐心，对孩子有百倍的信心。

在前面介绍了很多种纠正孩子任性性格的方法和计策，但家长可别误以为用上几招，孩子立马就能改掉任性的毛病了。其实不然，我们成年人戒掉一种习惯都需要费挺大的劲，何况是自主能力、自控能力不强的孩子呢？由此可见，纠正孩子任性的任务是长期而又艰巨的，是一场旷日持久的拉锯战。家长们一定要做好心理准备哦！

朋友小香在面对女儿任性时，也曾试过转移、冷处理等方法，可是女儿的任性习惯仍旧时有发生，这让小香大为恼火。这天女儿学校放假，小香把女儿带到办公室，可女儿一边写作业一边吃零食，小香提醒了几次，女儿都不改正。

小香的火气一下子就蹿了起来，她脾气上来也顾不了那么多，叽里呱啦说了一大堆。大致内容是：对女儿已经忍很久了，可她的忍耐是有限的，不要以为自己管不了女儿的任性。今天，在这里写不完作业不许回家。我们都劝小香消消气，小香气哼哼地说：“我听说越打孩子越任性，我就不再暴力对待她，可她呢！反而得寸进尺，我付出这么大的耐性，在她那里一点回报都没有，真是气死我了！”小香说着有点哽咽。

大概是小香的火气太冲了，女儿惊得一边哭一边写作业。我说：“瞧，你都把孩子吓坏了，自己也气得够呛。我打个不恰当的比喻，你训练个小猫、小狗还要一段时间呢！让孩子们改正不良习惯哪能立刻就见效呢？你说几次就把任性的毛病改掉，那可以说是天方夜谭，不可能的事。你应该给孩子些时间,时间可以改变一切嘛!"这时候,女儿也过来搂住小香的脖子,说:"妈妈,我改,我改,您别生气。""看女儿多乖,小香,你要相信自己的孩子。"我坚定地说。

小香摸摸孩子的头,让她去写作业了。小香说:"看来,是我太着急了。慢慢来吧!"

当然,我知道小香的心态就是恨铁不成钢,这也是众多家长对孩子成长着急的心态吧!可是,家长再急,孩子也得一点一点长大,得慢慢改正他们的坏毛病,什么都得需要一个过程,关键是家长要引导孩子走好过程中的每一步。

那么家长在面对孩子任性时,最首要的就是克制情绪。现在物价飞涨,生活压力像座大山,可回到家孩子还不省心,哪怕再理智的家长,也难免会烦躁不安、情绪低落,控制不住自己的情绪,就把肚里所有的火都发向孩子。而这样难以克制自己的情绪,只会加重孩子的任性。

那么面对孩子的任性,我们怎样克制情绪?我建议,可以深呼吸,再呼吸,孩子毕竟还是孩子,他不能成为我们的出气筒。耐心,现在最需要的是耐心。你在心里这样默念,就像催眠法,让自己冷静,再冷静。你克制情绪其实是在给孩子树立榜样,你的耐心会传染给他们。

著名作家龙应台在自己的家教畅销书《孩子你慢慢来》的封面上写道:我,坐在斜阳浅照的台阶上,望着这个眼睛清亮的小孩专心地做一件事;是的,我愿意等上一辈子的时间,让他从从容容地把这个蝴蝶结扎好,用他5岁的手指。孩子慢慢来,慢慢来。

孩子是我们最爱的宝贝,我们要用爱心、耐心、信心,三心之合力去等他变得越来越好。

身边的故事 4-9

杨暄的儿子小光已经读初三了,同事问她小光中考能不能考入市重点，杨暄无所谓地说："他？不可能，我早就不管他了。"同事奇怪地问："不管他，那可是你的儿子呀！说这样不负责的话。"杨暄叹口气说："哪个父母不望子成龙，不是我不负责任，是他太不争气了，我没办法，只好对其放任自流。"接下来，杨暄给我们讲了她和小光的往事。

小光小时候特别任性，脾气倔强，这一点也许是遗传了杨暄的性格。所以，这娘俩总是犯拧。杨暄记得小光那年才 10 岁，外面下着大雨，小光偏要打着伞到外去玩。杨暄不同意，小光就跟她大喊大叫，拿着伞就往楼下跑，杨暄追上小光，硬要把他拉回来，可小光竟然咬杨暄的手。杨暄疼得大叫，这一咬也激起了杨暄的愤怒，她抓起小光像拎小鸡似的把他扔进屋，并狠狠地打了他。

以后，小光与杨暄的矛盾越来越深，杨暄甚至认为白生了这个儿子。小光在小学时学习还可以，读五年级时，却迷上了网络游戏。快期中考试时，小光有时间不复习却玩什么 CS，杨暄跟他讲道理，他不听，杨暄只好把家里的电闸断开。小光什么也没说，下楼去网吧玩，杨暄不算完，跑到网吧硬是把小光拽了回来，闹得全网吧的人都在看热闹。回到家，小光气愤地说："今天我可丢人了。"杨暄说："你丢人？我生下你更丢人。"

进入初中后，青春期的小光更加叛逆，学习成绩直线下降，旷课、逃学，常常夜不归家。杨暄已经对他不抱任何希望，只是希望他别犯罪就行了。

听了杨暄的讲述，大家不再说什么，杨暄业务能力强，可儿子却这样不争气，真是让人无奈啊！

几天后，杨暄正在单位，派出所来电话，说是小光被抓了。杨暄拿着电话差点晕过去，她强打精神在好友王晓美的陪同下来到了派出所。

民警说小光参与流氓斗殴，事件正在调查中，因为他才 14 岁，只好由家长带回去教育。杨暄跟警察说了保证的话，看到小光就给了他一嘴巴，小光什么也没说，低着头跟在妈妈身后。

在回家的路上，杨暄边走边哭，她不知道该怎样对待小光。这是她的亲生儿子，她想不管他，可是小光有什么事还是得找到她。王晓美怕杨暄做出什么极端的事，就一直跟着他们回到家。

进了屋，小光说："妈妈，我没打架，是他们……"啪，杨暄又给小光一嘴巴说："够了，我只相信事实，不想听你的狡辩。你去你爸那儿吧，我管不了你，也养不起你。"这时，王晓美才知道原来杨暄离婚了，要强的杨暄从来没把这事儿告诉任何人。小光扑通跪在地上说："妈妈，我错了，你不能不要我，我离不开你。"他呜呜哭起来，杨暄面无表情，似乎麻木了。

王晓美把这个1.7米多高的男孩扶起来，从小光看人的眼神可以看出他的本性是善良的，是什么原因造成母子俩这么深的误会呢？

王晓美把小光带到卧室问打架的原因。小光说，他们一帮同学边走边聊，一些社会混混走过来，一定要让小光他们加入那个混混团伙。小光他们不同意，双方就打了起来。王晓美说："小光，你做得对，我们不能成为那样的人。可是，阿姨想问你，为什么不听妈妈的话，让妈妈对你那么失望呢？"大概是小光很想和人倾诉自己的心里话，听了这话眼泪又像断了线的珠子流下来，他说："阿姨，我想好好表现，妈妈一个人养我不容易。可是，妈妈从来不给我机会，就像刚才，她从来不听我的解释。小时候，她要我做的事情，我必须立刻执行，否则就是挨骂、挨打。我知道与爸爸离婚对她打击很大，可是她也不能像女皇一样指挥、命令我啊！我受不了这些，只能不回家。可是，我很爱很爱妈妈。"

王晓美明白了，她说："你放心，我和你妈说。"王晓美打开卧室门，门外的杨暄差点跌倒，原来她一直在门外偷听儿子的话。王晓美笑了："你不是关心儿子的吧！听到小光的评价了吗？女皇，还武则天呢！都是你的急性子和好强心害的啊！孩子还是孩子，发现、承认错误并改正得需要过程，你需要耐心。""我？"杨暄心里正在反思，和丈夫离婚后，她变得烦躁，没有耐心，但这却害了儿子，此时的她正在想补救的办法，她真的需要好好想想啊！

10. 让孩子在群体生活中改掉任性

任性的孩子偏执、霸道，事事以自我为中心，而若只是单纯地靠家长来约束行为，改掉任性的习惯会慢一些。而把孩子放到群体中生活，让他和同伴们在一起活动，这可是孩子改掉任性的捷径呢！

因为群体生活一个重要的原则就是少数服从多数，而任性的孩子的特点是“以我为中心”，什么事都要听他的，这招在自己家里好使，在其他小朋友那儿可不管用。伙伴们的不服从会让任性的孩子受到强烈的挫败感，要想玩得高兴，要参与到伙伴中去，必须得服从多数人的意愿，这样的过程就减弱了孩子“以我为中心”的霸道心理，孩子的任性无用武之地，渐渐地他们也就改掉了任性。

适应环境是所有生物的本能，当然也包括人类，在群体生活中，孩子只能改变自己才能交到朋友，而这也需要家长的正确引导。

现在的独生子女，在家里受到宠爱，玩伴只是成年人，虽然有很多家长并不娇惯孩子，可是孩子很少与同龄人交往，容易早熟，导致孤僻、固执、钻牛角尖等不良的性格特征。而这种性格的孩子在家里，或多或少都会得到家长的迁就，因而与同龄人交往就会有很多困难，孩子在外不顺心，不敢再去交往，这样只会让他们的心理更加孤僻，将影响到孩子的一生。在前面也介绍过，孩子任性很难交到朋友，因为朋友之间需要的是平等和尊重，任性的孩子只想自己，不懂照顾他人，谁愿意和这样的人交朋友呀？

尹小烟在家是个任性的孩子，在幼儿园也是如此。那天，小朋友们都在玩具屋里玩，尹小烟想玩那个公主娃娃，可是娃娃却被方方拿在手里。尹小烟走过去，抢过方方手中的娃娃说："我玩这个，你玩别的吧！"方方也不甘示弱，说："我先拿到的，我先玩。"她又抢回了娃娃。尹小烟哪受过这个气，她非要从方方手里抢回娃娃不可。哪知方方比她有力量，一推尹小烟就把她推倒了。尹小烟哇哇大哭起来，幼儿园老师走过来问明情况，批评小烟说："玩具是大家的，不是你的，也不是她的。喜欢玩不能用抢啊！"老师又教育方方不该推人，可是这一天尹小烟都不高兴。

爸妈来接她时，她像看到救星似的大哭。老师把今天发生的事跟爸妈说了，妈妈说："小烟在家也任性，她的东西谁也不许碰。老师，您多管管，让您费心了。"老师看到家长还挺明事理，就说："明天小烟有可能不愿意来幼儿园，您不要由着她，在集体生活中会磨炼她的性格的。"第二天，小烟果然如老师预料的那样，不想来上学。爸爸妈妈坚决不同意，硬是把哭着的小烟送到幼儿园，还对小烟说："在幼儿园里要学会谦让，懂礼貌，不能什么事都得听你的，这样才能交到朋友。"

到了幼儿园，方方拿着昨天的玩具说："小烟，别哭了，咱俩一起玩吧！"小烟破涕为笑，她和方方快乐地玩起来。在玩的过程中，小烟和方方一起给娃娃穿衣打扮，彼此成了朋友，这是她人生中的第一个朋友。

在小烟的例子中，她遇到交往挫折，若是家长没有及时处理好，小烟就会更加惧怕集体生活。而小烟最终还是要走向社会，与很多人打交道，因此爸爸、妈妈仍旧鼓励她去交朋友，大胆交往，这样小烟会更健康地成长。而且，在集体生活中，小烟会逐渐学会服从大众、遵守规矩，自我约束能力也将有所提高。

另外，未上幼儿园的孩子，家长更要多给孩子创造与同伴交往的机会。带孩子去朋友家玩，让邻居家的孩子来自己家玩，大胆放手让孩子去小区里玩，这些途径都可以锻炼孩子的交际能力，同时也在帮孩子改掉性格中的不良习惯，孩子任性的行为也会渐渐减少。

身边的故事 4-10

朱林的儿子小朱任性霸道，在家里说一不二，谁也不怕，谁也管不了他。朱林也试图改变儿子的任性，可是办法都用尽了，效果却不明显。就在他束手无策、几乎想放弃的时候，柳暗花明又一村，朱林找到了一个好办法。

那天，朱林家突然很热闹，因为来了 3 个小朋友——他们都是朱林的邻居，因为在楼下遇到了，小朱就邀请他们到家里来玩。

开始时，4 个小朋友玩得很挺开心，可不一会儿，小朱唯我独尊的性格就暴露出来。玩具手枪他得要最大的，怎么玩也要听他的，这要是朱林陪着玩，肯定得服从啊！可其他 3 个小朋友不管那事，任小朱怎样安排，人家照样玩自己的。小朱又把和大人那套“把戏”使出来，生气、摔东西，可小朋友们像没看见似的，照样玩得哈哈乐。朱林老婆看见了偷偷说：“要不让他们回去吧，瞧把儿子气的。”朱林笑呵呵地看着说：“不，这样很好。”只见小朱见两招不管用，就哭着来找爸爸求助。其他小朋友以为朱林要赶他们走，可朱林却说：“你们玩得开心就好，我们家还有更好的玩具呢！”说着，就把箱子里的进口玩具拿出来。小朱不同意，护着玩具不给他们玩。3 个小朋友说：“叔叔，我们不玩那个，这些就够了。”3 个小朋友上蹿下跳的，在家里玩捉迷藏的游戏。朱林老婆嫌他们把家里弄得乱七八糟，非要赶走他们，可再次被朱林制止了。

这时，小朱自己捧着进口玩具手枪，眼巴巴地看着他们玩得那么开心，羡慕得不得了。朱林趁势说：“小朱，快去玩啊！真有趣，我小时候也玩这个游戏。喂，小朋友，小朱也想玩，算他一个，行不？”“好啊，小朱你跟他一伙。”其中一个小朋友说，小朱乐颠颠地参与其中。

朱林回头跟老婆说：“怎么样，小朱妥协了吧！在同龄人面前，他的任性不管用。这就是改正他任性的有效办法。以后，我会经常让这些小朋友来玩的。老婆，快去准备水果，让孩子们吃。”老婆也看出了端倪，高兴地去准备水果了，能改正小朱的坏毛病，她给孩子们提供吃住都可以。

11. 要培养孩子开朗乐观的性格

任性的孩子大都表现出固执、敏感、多疑，凡事以自我为中心，与人不和，不易接受他人的正确建议。这种性格严重地阻碍了孩子的顺利交友。而朋友越少，孩子就越不合群，情感淡漠，独来独往，内向孤僻。

而性格开朗乐观的孩子却大不一样，他们从不为小事表现得斤斤计较，在游戏当中，不在乎谁说了算，只要玩得快乐、高兴就行。他们也很容易接受别人的建议，因为他们没有唯我独尊的思想。在乐观的孩子眼里，什么困难都不怕，他们自信、勇敢，大人把他们放在哪儿都很放心。

就像我的一个远房亲戚，他 30 多岁，性格木讷，不善言辞，但脾气暴躁，动不动就跟老婆打架。前一阵子他出外打工，因忍受不了另一个打工者的呼噜声，而与之大吵起来，还动手打了人。那个打工者住进了医院，亲戚陪医药费不说，还被经理给辞退了。我妈妈说："那孩子脾气太暴，在外面干活，什么人都能遇到，就不会忍耐吗？"我说："他那就是任性，心里容不下别人，总是以自我为中心。你看他在家里不也是如此吗？稍微不顺心就没事找事地发脾气，遇事爱钻牛角尖，想法总是与人不同。"妈妈想了想说："他性格是挺迂腐的，很少见过他开怀大笑，总是像有烦心事似的。"后来，我的这个亲戚也不再出去打工了，只待在家里靠种地为生。

其实，像这位亲戚的性格养成，完全是父母教育的结果。因为他和我差不多大，从小便在一起玩。记得有一次，我俩一起玩球，因为我总是能抢到球，他就很生气，去找他的父母告状。他的妈妈似乎很害怕他生气，特别耐心地哄他，还让我多照顾他。我不愿意和这样的伙伴玩，就回家找我的妈妈诉苦。我妈妈却说："这没什么大不了的，你想和他玩就玩，不想玩就找别人去，不用管他们的事。"我听后不快的情绪马上烟消云散，也不会在意他妈妈对我的指责了。

同样一件事，因为妈妈的教育不同，对孩子的影响也大不相同。心理学家研究得出：人的性格有遗传因素的影响，更多的则来自于后天家庭、社会、学校的教育影响。3—6 岁学龄前通常被称为"潮湿的水泥"期，这是孩子性格形成最重要的阶段，孩子 85% ~90% 的性格、理想和生活方式都是在这个阶段形成的。

家长们都希望孩子能成长为一个自信、乐观、豁达的人，可许多家长却忽略了孩子性格的培养，也就是对孩子性格的培养没有一个目标和计划。我发现大多数家长对孩子的成长计划仅限于学业上的成就，而在孩子的成长过程中，所注重的除了他的学习还是学习，管教孩子的更多目的是想让他们更加听我们的"话"。而你想让孩子成为一个什么性格的人，却很少去规划。

正如股神巴菲特在回答"你是怎样变得比上帝还富有"的问题时说："这个问题非常简单，原因不在智商。为什么聪明人会做一些阻碍自己发挥全部工效的事情呢？原因在于习惯、性格和脾气。"西班牙大文学家塞万提斯也曾说过："每个人的命运都是由自己的性格决定。"性格好比是水泥柱子中的钢筋铁骨，而知识和学问则是浇筑的混凝土。

综上所述，我们不想让孩子成为一个习惯任性的人，那么就要有目的、有计划地培养孩子乐观、豁达的性格。

首先，家长请给孩子一个宽松自由的生长环境。控制过严会压抑孩子们快乐的童心，给孩子们一些适当的选择权，才能让他们感受到真正意义上的快乐和自在。

其次，要让孩子懂得与人和睦相处。那些不善交际的孩子享受不到友情的温暖，时时会感到孤独，家长可以多跟孩子交朋友，在朋友的影响下，孩子的性格会开朗很多。

再次，要培养孩子广泛的兴趣。体会到不同事情所带来的不同快乐，兴趣多了选择也多了。如孩子因为没有电视看会无聊、郁闷，而兴趣广泛就可以用其他事情代替看电视，同样自得其乐。

身边的故事 4-11

于爽一直以为小孩子都这样，好斤斤计较、任性、说啥就得干啥。她觉得自己的女儿杜娟爱耍小脸子是小女孩的特性，可她接触朋友的孩子雪松后，却发觉自己的想法是片面和错误的。

看到小雪松的人都会被她那双漂亮的眼睛所吸引，她话语清脆，总是面带微笑，很少见她有心情不好、生气、无故发脾气的时候。

大家都说小雪松性格好，是个乖孩子，从来不提些不合理的要求。可是于爽发现，小雪松有时候也和杜娟一样，想法多，好奇心重，对大人不允许的事也挺执著。

一次聚会，几个朋友都带着自己的孩子，大大小小的十来口人围坐在一起，涮火锅、聊天，好不欢畅。

可是孩子们对一件事情的热情总是很短，几个小孩子吃饱了就开始不老实了，一个在饭店里来回跑，另一个又开始张罗自己往火锅里放肉……杜娟和小雪松则躲在椅子背后玩躲猫猫。

开始时，杜娟和小雪松还只是在大人身后或是椅子背后藏，可很多地方都藏过了，她们俩又要躲在桌子底下。那下边可是危险的地方，大人们怎么能同意呢？于爽和雪松妈妈各自劝自己的孩子，这时候，两个孩子的反应却大不相同。

杜娟哼哼唧唧地说："我不，我就要去玩。"于爽劝她时，她还握着小拳头打妈妈。妈妈声音严厉一些，她的眼泪就啪嗒啪嗒掉下来。可是桌子下面实在太危险了，于爽说什么也不同意，杜娟也只好委屈地坐在那儿，嘴撅得老高，别的阿姨哄她，她还瞪人家。于爽无奈地说："她就这样，脾气老大了，真拿她没办法。"

旁边的小雪松在妈妈的劝阻下，也表现出抗拒和不高兴。可妈妈一再坚持不让她藏在桌下，雪松转转眼睛说："藏那边的柱子后面，行吧！""可以，可以。"妈妈连连点头，雪松很快就露出笑容，继续和其他小朋友去玩了。

而杜娟还独自在那儿生闷气，雪松叫她，她也不去玩。

于爽问："还是小雪松的性格好，没那么容易生气，对身体也有好处。"雪松妈说："她小时候也爱生气，我引导她不要在乎一些不重要的小事情，慢慢培养她的开朗性格。我觉得人应该乐观一些，面对困难、挫折才都不会被吓倒。固执、郁闷的孩子除了爱任性，还容易走向极端。我觉得，你得好好改变一下杜娟的任性。你看，刚才多大点事啊，她还在那儿生气，对她来说快乐太少了。"

这些话是雪松妈悄悄和于爽说的，杜娟不高兴地扯过妈妈，问你们在讲什么？是不是讲我的坏话。于爽摇头说没有，可杜娟不相信，一定要让妈妈承认说她的坏话了，她蛮不讲理的样子真可气。雪松妈说："还有多疑，看吧！"于爽和雪松妈是多年的好朋友，她的话和杜娟的表现让于爽没心情吃饭了，她看着小雪松灿烂的笑脸，想：培养乐观开朗的性格才能让他们的未来更灿烂。

12. 培养孩子的自我管理能力

在前面也介绍过，孩子有了任性的行为同时也说明他已经有了自我意识，并且认识到自己可以掌握周围的环境了，这种行为完全出自于本我，也就是原始的自己，它不理会社会道德、外在的行为规范，它是无意识的，不被他们自己所觉察的。而随着孩子年龄的增长和经验的累积，以及教育和习俗的影响，他们不再盲目追求满足，渐识时务,从本我中分化出自我。这是弗洛伊德为我们分析的人格结构论。

从这段分析中我们提炼出的关键词是:无意识、累积、教育。

不论是孩子还是成年人,他们的任性行为都来自于对自己行为的放纵。如五六岁的孩子想吃糖,难道他不知道吃糖可能会蛀牙,导致牙疼吗?当然知道,他可能体会到牙疼的滋味。可是当他看到超市货架上的糖果袋时,还是控制不住要把它吃下。再比如,一些就职于某高位的成年人,他们明知所做的事是法律不允许的,可是因为控制不住自己的贪念而铤而走险,最终锒铛入狱。

所以说,家长整天想着培养孩子的创造力、想象力、交际能力,但却容易忽视孩子的自我管理能力。如果一个孩子缺乏明辨是非的能力,不对自己的言行进行适当的约束,且任性放纵自己,他想怎样就怎样,那么只会影响到他的健康成长,严重的就会导致犯罪。

因此,我们要引导和纠正孩子的任性行为,除了利用一些方法和手段外,还要注意提高孩子的自控能力。这种能力是孩子们慢慢形成的,家长要从生活中的一点一滴开始做起。

我很注重女儿这方面的能力培养,从她上一年级开始,就不再为其装书包、准备红领巾等事情。刚开始时,女儿也会丢三落四,忘记作业本了,忘带字典了等,但是只有经历过失败才能牢记教训。以后,她都会很认真地准备书包,早上临上学前也要检查一下准备情况。而有很多孩子,四五年级了还要打电话给妈妈让其送来作业本或是文具,这样的孩子永远也脱离不了家长的手。还有一次,女儿非要摘小区里的花朵,我坚决制止,并教育她说:"花是给大家欣赏的,都被摘掉了只能看花枝了。"女儿说:"那天看到一个大人还摘呢?"我说:"管别人前先把自己管好。我们不摘这朵花,大家就能看到花的美丽。"

其实,不光这些,在何时起床,何时到校,何时看电视等生活中的小事上进行规范,孩子就会有意识地克制自己的惰性,努力实现自己的目标。同时，孩子的道德水平、意志品质和自控能力都会有明显的提高。

另外，可以让孩子从做家务入手，锻炼孩子的生活自理能力，帮助孩子确立对家庭成员的责任心，这样对孩子控制情绪，体谅父母的辛苦和情绪，都能达到很好的训练效果。

总之，家长要做得更多的是放手，不要让孩子在你的严格管束下才会受到约束，因为更多的时候孩子并不在我们的眼皮底下，而完全是靠他们自己的自控能力去完成一件事情的，那么这样的孩子才是未来需要的人才。

身边的故事 4-12

已经读五年级的孙贵并不爱学习，最喜欢待在网吧玩游戏，让爸妈操碎了心。可是孙贵打小就不爱读书，为此爸爸没少教育他，甚至是动用“武力”，都没能让孙贵坐得住学习的“板凳”。

不过，与爸爸相反，妈妈对孙贵的教育方式却相对松懈一些，她不太管孙贵的学习情况，她只是说：“你也不是小孩子了，什么事是对，什么事是错，你心里应该有数。我和你爸也是为了你将来能过得更好，我们不可能管你一辈子。”孙贵明白妈妈的意思，可他就是听不进老师的讲课。

孙贵妈妈粗心，照顾孩子并不是无微不至，从孙贵 2 岁起，他就自己吃饭；3 岁自己睡觉，穿衣；一年级就自己去上学。他虽然学习成绩不理想，但是他的组织管理能力很强，是老师最得力的助手，交给他的任务能圆满地完成。

为此，孙贵爸爸常常和妈妈吵架，他觉得是妈妈照顾孩子太粗心，才会让孩子学习成绩差的。妈妈却说：“成绩仅能代表他的考试能力，而最重要的一个是管理自己的能力，如果连自己都管不好，将来还能做什么大事？怎么能管理更多的人呢？”看她还理直气壮的样子，孙贵爸爸就更加生气了。

但是，不久以后发生的一件事却彻底改变了孙贵爸爸的想法。

孙贵放假在家，闲着没事便和一帮朋友去网吧玩游戏，几个人在游戏中厮杀打拼，玩得昏天黑地，不知道时间过了多久。

可是，不知不觉中，孙贵他们的钱都花光了，几个人垂头丧气地走出网吧，才发现天已经黑了。正在这时，妈妈打来电话告诉孙贵她要出去打麻将了，饭在锅里自己吃。孙贵转头对大伙说："谁有钱？怪饿的，吃饭去呀！"一个小子说："哪有钱了？有钱我还在里面玩呢？"几个小子斜靠在电线杆上，抽着烟，饥寒交迫。

冬天的夜晚，行人并不多，一阵冷风吹过，其中一个小子把烟扔在地上狠狠地说："咱们去弄点钱吧！""上哪儿弄啊！只有北风呼呼地吹。""前边那个女的，包里一定有钱。""抢劫！"一个小子惊吓道。"你想不想玩游戏？想不想吃饭？就这么定了，走。"在这小子的带领的下，四五个小伙子尾随着那个女的，拐进楼道阴暗处，一个小子抢过女人的包，撒腿就跑，接着他又把包传给另一个小子，朝相反的方向跑。

女人被突如其来的事情吓得哇哇大叫，眼看着几个小子瞬间就跑没影了。女人的叫声引来小区保安，保安立即报了警，并通过监控录像找到了那几个抢包的小子。

但其中却没有孙贵。

当有人提议去抢劫，他虽然觉得很刺激，可是他知道那是违法的事，他想：玩玩游戏还可以，犯法的事可不能做。就在那几个"热血沸腾"的同伴商量如何抢的时候，孙贵悄悄离开了他们。而网吧前的监控录像也记下了这一切。

当孙贵的爸爸了解到这个事情后，他很后悔，他说："幸好咱儿子自制力比较强，要不今天就得在看守所里见面了。"

孙贵头一次听到爸爸表扬他，也自豪地说："我是谁的儿子啊！我怎么能干抢劫的事呢！"妈妈说："行了，以后不用去网吧玩游戏了，我们同意买台电脑，在家玩吧！"孙贵对这一特权很吃惊，他说："其实，我也玩够了，把钱攒着吧，你们挣钱也不容易。”“啊？原来我儿子什么都懂啊！咋就不爱学习呢？”爸爸打了他一下头，孙贵像个大人似的说：“又来了，别逼我，清华北大咱考不上，一般本科应该没问题的。”这话逗得爸爸妈妈哈哈大笑……

第五堂课

孩子的某些行为表面看是任性，可其中却隐含着许多秘密

课前导入

我们掌握了一些应对孩子任性的方法后，就要进入关于孩子任性更深入的探讨。美国儿童心理学家威廉·科克的研究表明，孩子任性同时也是一种心理需求的表现。在本堂课中，我们要帮助家长正确地分析孩子的心理动机，千万不要把孩子的一切行为都定义为任性，否则有可能扼杀了孩子的好奇心、敢于尝试等好的品质。这一堂课的内容需要家长用理智的心态来读，并且耐心地分析孩子的每一次要求，是真任性还是假任性？家长可得有辨别的能力呀！

1. 孩子不听大人的话就是任性吗？

在前文中，我们已经给任性下了定义：孩子对自己的想法和行为表现为坚持，不容置疑，但孩子所坚持的是不合理的观点和行为，甚至是无理取闹。在这个定义中，我们可以找出几个关键词：孩子的想法、不合理、无理取闹。

那么，孩子想法的合理与否是由谁来判断？又该如何判断？我们在这一节中，就是告诉家长如何判断孩子的要求是合理或是不合理，也就是孩子的哪些行为才能归结为任性。

因为孩子的成长过程中有心理敏感期、叛逆期。孩子性格气质不同，所表现出来的性格也有差异。所以我一般不赞同一个教育方法就可以教育所有的孩子，家长需要的是借助某个观点，再分析自己孩子的特点并灵活运用才能起到教育的目的。本书是以“任性”为话题内容，那么家长看过书后就不能笼统地认为只要孩子不听大人的话，就是任性。这样的想法可是大错特错了。

其实，我们常听到家长这样说：“孩子不听话，太任性了。”从这句话分析，家长们把任性归结为不听话。不听谁的话？当然是大人的话。可是，不听大人的话就是任性？就需要改正吗？我看未必。

同事小程家的女儿活泼好动，小程对她又爱又烦。在小程眼里，女儿是个调皮任性、不听话的孩子。她最讨厌的就是孩子在家，把家弄得乱七八糟不说，还打扰她休息。小程说：“我给女儿报了好几个特长班，不让她在家捣乱”。从小程来来回回的叙述中，我也觉得这孩子是够惹麻烦的。

可有一天，我有机会去小程家，小程女儿也在家，原来是特长班放假了。我和同事在沙发上聊天，小姑娘一边看电视，一边在地板上蹦跳，没个老实的时候。她看过电视又去画画，可小孩子做事总是不认真，画笔、本子弄得到处都是。小程实在忍不住了，厉声训斥："你就不能老实一会儿吗？写字桌刚给你整理干净，又弄乱了。"小姑娘没搭理妈妈，仍旧把纸撕得乱飞。小程不好意思地说："瞧她那样，烦死了，都是爷爷奶奶惯的，就知道任性。"我笑笑没说话，继续看着小姑娘。小姑娘撕了一会儿纸觉得没意思，就去找玩具。她刚要打开箱子，小程大步冲过去，说："不许翻，玩别的去。""为什么？我就要玩。"小姑娘扯开妈妈的手。小程急了，她觉得我在这里，她管孩子，孩子却不听话，好像丢了面子，扬起手便要打。我连忙跑过去制止，把小程拉走，并对小姑娘说："你玩吧，我和你妈妈聊天。"

这时候小程气得呼呼大喘气，我笑着说："你女儿的表现就是你常说的任性吗？你太主观了吧！""你看她又是撕纸又是翻箱，看电视也不老实，我说她还不服气，不是被惯的任性吗？气死我了。去年过年，就我们俩在家，把我气得都上火了。"我摇摇头说："咱先不说孩子了，说自己。我们在家待的时间长了会怎样？不也是一会儿看书，一会儿看电视，一会儿又望望窗外吗？还有，你爱干净，想让屋子保持整洁，可那是孩子，她只想让自己有意思、快乐。你和孩子的想法不一样，目的也不同。可是，难道你非要让孩子为了你而妥协吗？咱们都说家庭教育要民主，这哪儿叫民主啊？还是以你的规矩为主呀！而你常说的孩子不听话就是任性，可所谓的不听话就是不听你的话，你难道是家里的女皇帝吗？"我的这个比喻把小程逗乐了，她说："难道我错在没有从孩子的角度考虑问题？"我点了小程的头一下，说："对，你太聪明了。"小程被我夸得不好意思了。我说："看，你都这么大了，还喜欢听表扬的话。你也是孩子。"

在这个事情中，同事小程就是许多家长的一个缩影。他们强行按照自己的意愿去管理和约束孩子，一旦孩子不听家长的话，那就是孩子任性。任性多数时候是含贬义的，许多家长却强行把"任性"的帽子扣到孩子头上，仅是因为孩子不符合自己的想法。家长只想一手遮天，不考虑孩子的想法，一味地压制，我想这样的教育方式只会使孩子和家长越来越远，那么孩子真的会演变为任性了。

所以，孩子不听话就是任性的结论是错误的。我们家长的责任是引导孩子走向属于他的正确的人生之路，而不是你安排、设计的那条路。

身边的故事 5-1

昨天参加侄子的婚礼，新娘子挺漂亮的，据说和侄子是大学同学，两个人很般配。婚庆典礼也很有创意，只是我姑父却没有来参加，没有为他儿子送上祝福，这多多少少也有点遗憾。

那天晚上，在全是亲戚的饭桌上，侄子喝了很多酒，他说："我爸他到底没来，我很难受。"我们都劝他说："那老头太倔，他想明白就好了。"可是侄子还是闷闷不乐。

为啥姑父没参加自己儿子的婚礼？这爷俩的矛盾可深了，用我侄子的话讲，他们之间的矛盾是冰冻三尺，非一日之寒，那是日积月累形成的。

姑父是教师，文言文讲得最棒。可能是因为他太了解古人了，思想也总是陈旧的，跟不上潮流。侄子小时候是特别崇拜爸爸的，他觉得爸爸讲话像个大哲学家。可是，侄子渐渐长大，姑父的想法和儿子的想法产生了分歧，他非要按照自己的想法去管教孩子，孩子却不听他的了。

印象最深的一件事是，侄子上初一时要报美术班，学美术，可姑父却认为学艺术的孩子都是文化课不过关的学生升学的一个"旁门左道"。他印象中的艺术生都不学无术，穷困潦倒，他还举例说大诗人李白，整天游山玩水，从来不管妻子和孩子。可侄子却认为父亲的理解太偏激，两人为此大吵了一架。姑父为了阻止孩子报美术班，特别去学校跟老师说了自己的想法，美术老师当然不敢再接收侄子了。

在姑父看来，自己的儿子太任性了。虽然学校的美术老师不敢接收侄子，他却私自在校外报了美术班。侄子学习了3个多月，姑父知道后气得都住进了医院，侄子没办法才退了美术班，再也不敢提学美术的事了。

但是这件事以后，姑父说，侄子更任性了，把他的话当耳旁风。后来，侄子考大学时报的专业也不是姑父同意的。同样的，这个儿媳妇姑父也不同意，所以他没来参加婚礼。

我去问姑父："我大侄多么优秀的小伙子，媳妇能干又漂亮，你为啥不同意呢？"姑父倔强地说："漂亮？才专科学历。这小子从小到大就任性，我说东的事他偏要往西，就跟我拧着干，有他后悔那一天。哼！"我说："姑父，这就是你的不对了。我知道你想让侄子当老师，可是侄子现在已经是销售主任了，这已经非常不容易了。再说，为什么一定要听你的呢？侄子的人生要他自己选择才对。"姑父撇撇嘴，他才不会同意我的观点。

后来，侄子又生了孩子，姑父和他们的关系才缓和了一些。只是，父子俩这么多年因为各种选择而积怨的矛盾却不知道何时才能化解开。可是人生的路，谁又能确定自己的选择是正确而不是错误的呢？但是，我想，只要是自己的选择，那就不会后悔，任何人，包括父母都无权干涉。

2. 孩子只是想解答心中的疑惑

"妈妈，为什么冰箱门打开灯就会亮？""爸爸，电脑里的字怎么从打印机里出来呢？"……在孩子的小脑袋中"为什么"的问题不计其数，而且层出不穷。这是他们对世界的认知与思考。据美国一所研究机构对"学龄前儿童在与成年人对话中寻求解释"课题研究中发现，儿童对知识的渴求比人们想象的要强烈得多。他们喜欢将一切未知的东西探寻个究竟，而一些充满危险的事，大人是不允许做的，可是家长不让孩子去探索，他们就会不高兴，并表现出反抗情绪。

就比如开篇的问题："为什么冰箱门打开灯就会亮？"也许孩子不会把问题问出来，或者你给出的答案不能满足他的需要，他就会通过自己的实践去寻找答案。而孩子一次次打开、关上冰箱门，他觉得好玩，觉得奇怪，但他不知道这样会费电，也不知道大人不允许他这样做。这个时候，大人想阻止孩子的自主探究，但孩子还没"玩"够，这样的过程就被误以为是任性。

以上是我以孩子的心理情况进行的"任性"行为的分析。若是家长不明白孩子的真正意图，那只会看到一个表象：孩子不听话，频繁开、关冰箱门，简直是太任性了。

因此家长在对待孩子的问题时，不可盲目、简单地自以为孩子要做什么，要做到真正了解孩子的性格特点，细致观察和思索孩子行为的目的。面对孩子只是想解答心中疑问的"任性"时，一定要帮孩子解开他们心中的谜团。

同事王姐特羡慕别人家的女孩，文文静静的，超可爱，不像她家的儿子，好动，不听话，特别是在对待玩具的事上。上周，王姐的弟弟从国外给孩子邮回一个遥控飞机，可儿子没玩两天，飞机的翅膀就被他拆下了来，好几百块钱的东西就这样报废了，谁都会心疼啊！后来，王姐就不给儿子买玩具了，但是儿子却一个劲地要，她带儿子去逛街时路过玩具店，儿子就固执地不肯离开。

大家都在帮王姐分析她儿子强拆玩具的原因，有的人说："是不是他小时候拆玩具时，你没管他啊！"有的说："男孩都这样，给他买便宜的拆去呗。"那个又说："那可不行，哪天他偷偷把电视拆了都有可能。"我下课回到办公室，听到他们的谈话，说："我昨天看报道：在美国，一次教育专家讲座中谈到玩具时，指出他们的父母如果看到孩子对买回家的玩具小汽车，3 天还不动手拆拆装装，就会着急了，认为孩子不懂得探索。瞧你们，还在这儿阻止孩子拆玩具。我给我女儿准备拆玩具的工具，她都不拆。王姐，你应该保护你儿子的动手能力，而不能觉得那是任性行为，给扼杀了呀！”大伙儿听到我这样的新鲜言论，都好奇地看着我。我站起来，像给大伙讲课似的说：“就拿王姐家的孩子说，他拆掉飞机的翅膀一定有原因，不信，王姐你回家问问。孩子探求知识的欲望非常高，我们要陪着他们把问题弄明白才对。你的阻止只会让孩子对那个问题更好奇。”

第二天，王姐上班时告诉我们，她问了儿子拆飞机的原因，儿子就想知道为什么遥控飞机能飞上天，而普通的玩具飞机却不能飞上天，他想看看是不是飞机的翅膀不同。我用力地鼓掌，说：“恭喜王姐，你儿子的思考探究能力非常强，将来必定有出息。”“那我还得给他买玩具。”王姐兴奋地说。

但是，我们允许孩子去探究，也要由家长慢慢去引导。正如我的同事说：“没准哪天孩子把电视给拆了都有可能。”因此，家长要让孩子一点一点地在保证安全的前提下观察他感到好奇的东西。同时，也要告诉孩子并不是所有东西都可以拆开，像电视这样的家电需要掌握更多的知识才能拆开。

总之，家长在阻止孩子某些行为时，要跟孩子讲清楚原因，允许孩子提问题，而且要很负责地把孩子的问题讲明白，解除他们心中的疑问。这样不仅可以阻止孩子的某些“任性”行为，还有利于培养孩子的观察力和想象力。

身边的故事 5-2

天丽真想给厨房的门装把锁，女儿秀美总是爱往厨房里钻，厨房里有刀、碗、火，这么多危险的东西，秀美在这里多危险啊！若是大人一眼照看不到，女儿出了什么问题，那可怎么办啊？天丽都不敢往下想。可是天丽也想不明白，自己跟女儿讲了很多遍厨房里没什么可玩的东西，女儿偏偏与她拧着来，大人不让进，她就偷偷进，越是阻挠的事，女儿做得越起劲。难道这就是任性？

这天,天丽正在卫生间洗衣服,秀美自己在客厅玩。天丽快洗完的时候,突然意识到客厅里怎么听不见秀美的声音了,就急忙出来找,竟然发现秀美偷偷钻进了厨房,正在拿橱柜里的碗。眼看秀美手里的碗就要掉地上了,天丽一把接住碗,生气地说:"可真没见过你这样的孩子,厨房里没有玩具,偏偏喜欢到这里。快出去,快出去。"秀美倔强地说:"不,我不出去,我就要在这儿玩。""你在这儿玩什么?快出去。"天丽硬是把女儿拉了出来。女儿大哭起来,气得天丽真想揍她。

这时候爸爸回来了,看到女儿哭、老婆叉着腰,他就知道这娘俩又是谁也不让谁了。天丽说:"明天买把锁,给厨房装上,我看你还能不能进去?"又是关于厨房的事,爸爸把秀美拉进卧室,说:"女儿,悄悄告诉爸爸,厨房里有什么好玩的?我怎么不知道呢?"秀美哭着说:"我想知道为什么可以从厨房端出来好吃的饭菜。"

原来,天丽做饭时从来不让女儿进厨房,怕油烟对孩子身体不好。而就是这一举动给厨房蒙上了一层神秘的面纱,让孩子产生了强烈的好奇心,并对那里充满了疑惑,所以,她总是想去探个究竟,却一直被妈妈阻拦。

爸爸开心地说:"这好办,快中午了,妈妈也要做饭了,一会儿就让你看看饭是怎么出来的。"秀美嘟着嘴说:"妈妈不让。""哈哈,妈妈不让是怕油烟对你的身体不好,不过,现在秀美是个探险家,不怕所有的困难了。妈妈会同意的。"接着,爸爸悄悄把女儿的问题跟天丽说了,天丽这才恍然大悟,后悔自己忽略了孩子的想法。

好吧,那就开始做饭。天丽扎上围裙,淘米,洗菜,切菜,开炉,炸油,炒菜……妈妈做每一步,爸爸都在旁边给秀美讲解,如果是危险的工具,爸爸就会提醒秀美。

饭菜端上桌后,秀美特别激动,她说:"原来饭菜是妈妈做出来的,谢谢妈妈,我要大口大口地吃。"秀美开心地吃着饭菜,妈妈也笑了。

因为,秀美对厨房有了深入的了解,她不再对那个地方好奇,也不会偷偷摸摸潜进去研究了，当然，天丽也不用再想给厨房装锁的事了。在对待女儿的问题上，她也会多想想孩子为什么要这样做。这时候，天丽发现女儿并不那么任性，而是个非常爱学习的孩子呢！

3. 独立性萌芽期的幼儿，有“亲力亲为”心理

好奇心是孩子的天性，那么有些事孩子非要自己亲自去做，也是孩子独立意识的本能。

常常有些大人对孩子做事很不放心，因为，孩子们做得乱七八糟，反倒会给我们带来一些麻烦，莫不如自己三下五除二很快就把事情做好了。

女儿两岁时，见我洗衣服，她也要跟着洗。我想她要干活的想法不能阻止啊！就给女儿准备好盆、热水、小衣服、肥皂，开始时我还很认真地教女儿如何洗衣服，怎样才能洗干净，可是女儿的重点根本不在洗衣服上，而是盆里那些肥皂泡上。结果，女儿弄得满地是水，还要我收拾半天。

以后，她还要求洗衣服，我坚决制止，我是不想辛苦地为她打扫“战场”。可女儿偏要洗，我不同意，她就大哭，为洗衣服的事我们娘俩弄得很不愉快。

说到这儿，大家会想起自己孩子的一些任性行为吧！我们扫地，他偏要跟着扫，结果把垃圾扫得到处都是；我们刷碗，他也要刷，结果打碎一只碗；我们开窗户，他非要亲自开，爬上窗台太危险，吓得我们不敢开窗户；我们要看影碟，可孩子非要去放光盘，却把光盘卡在了DVD 机子里……总之，我们做的一些事，总是能引起孩子们的兴趣，他们总想“亲力亲为”，可结果却是不尽如人意。

是孩子们天生爱捣乱，还是他们就喜欢跟大人对着干？当然都

不是，正如我说过的，这正是孩子们想独立、体现自我价值的开始。

再说我女儿，因为她经常把事情做得很糟糕，我很少让她洗衣服。结果，现在她已经9岁了，我让她洗衣服，她根本就不洗了。

某天，我看到一句话：懒妈妈，勤孩子。我突然意识到自己正好相反：勤妈妈，懒孩子。

这里所指的懒妈妈并不是好吃懒做，贪图享乐，而是对孩子该放手就放手，对孩子能做的事从不越俎代庖。有时候，懒妈妈放手让孩子做力所能及的事，自己并不会轻松下来，妈妈们要在旁边教孩子、鼓励孩子，还要帮孩子们处理他们没做好的部分。表面上看妈妈懒了，可实际上却给妈妈增加了很多劳动。但是，这样做的好处就是培养了孩子们的动手能力，保护了孩子主动做事的积极性。

所以，孩子想“亲力亲为”的事，家长不必阻拦。孩子不听家长的劝阻，也不是任性的表现，这只能说明孩子独立意识很强。孩子的未来是靠自己去奋斗、打拼的，这种能力不是天生就有的，而是从小培养和锻炼出来的。

若是家长一味地阻止孩子亲自实践，久而久之，就会剥夺孩子的动手能力，这种习惯会使孩子变得缩手缩脚，什么也不会做，什么也不敢做。另外，家长什么事都为孩子做好了，什么事都替孩子包办，孩子会产生强烈的抵触心理。比如有的孩子想自己削铅笔，可是妈妈不让他做，孩子心里自然会很不高兴。这时候，妈妈让他去装书包，他就会产生抵触心理，不听从妈妈的安排。这个例子虽然是一件小事，但是我们知道孩子一旦有了抵触心理，那么孩子就会事事与大人作对，以后家长对孩子的教育就更难了。

虽然家长支持孩子的动手能力是重点，可孩子不能做的事，如危险的、不是孩子年龄段做的、不合理要求下的事情家长要坚决给予否定，并给出孩子不能做的理由。也就是说，孩子“亲力亲为”也要在一定的范围内，这就需要家长来把握范围的尺度，才能按照目标培养孩子的动手能力。

身边的故事 5-3

老吴做事一向细心谨慎，对孩子的教育也是如此。儿子小小吴在他的熏陶下做事也是认真且慎重，才 7 岁就知道哪些事是危险的，哪些事不可以做。

养了这样一个听话、懂事的儿子，老吴感到很自豪，他想等儿子长大后考上了哈佛，他就要写本书叫《老吴家的哈佛男孩》。

小小吴上学后，正好和老吴的朋友老崔的儿子在同一班，老崔那孩子不如小小吴乖巧。老吴记得有次去老崔那儿帮着修理摩托车，他的儿子淘气极了，看大人用螺丝刀拧螺丝，他也要跟着鼓弄两下，还在旁边捣乱，老崔和老吴的修理速度很慢，可老崔也不管儿子，让他想怎么玩就怎么玩，小孩子弄得手和脸上都是黑油。老吴心想：要是我儿子，早就老老实实在一边待着了。

小小吴一年级期末考试得了全班第一名。在家长会上，班主任表扬小小吴："这孩子认真、细心，最重要的是听话。老师不允许的事坚决不做。"老吴听着得意极了。而老崔家的儿子才得了 90 分，班主任说老崔的孩子聪明，思路开拓，要是再认真点就好了。

转眼间，两个孩子进入四年级了。课本内容迅速增加了难度，一些题目要求很灵活，老吴发现小小吴学起来有些吃力。而且随着孩子渐渐地长大，老吴发现儿子太过于拘谨，老高的个子不敢骑自行车，怕摔倒。

老吴跟小小吴说："你已经长大了，有些事可以自己做了。"但是小小吴却显得缩手缩脚，独立性特别差，什么事都把危险放在前边。而更重要的是，学习成绩越来越不理想，小小吴的思路总是像被牢牢锁上似的，打不开。

这时候的老崔儿子却大不一样了，那孩子不光是校篮球队的队员，还是科技组的组长，他和同学制作的潜水艇模型去省里参加比赛得了三等奖。而与此同时，老崔儿子的学习成绩提高迅猛，用班主任的话说是:“思路开拓,想法大胆,有创新能力。”

这天老吴和老崔在一起喝酒,老吴借着酒劲问老崔:“老崔,你咋教育你儿子的?我看他小时候就爱捣乱,现在怎么这么厉害?”

老崔笑呵呵地说:“就因为他爱捣乱啊!”

“我说的是真的,你正经点。”老吴不相信。

“谁跟你开玩笑了!老吴,认真谨慎的态度是对的,可是不能让孩子变得缩手缩脚,什么事也不敢做啊!儿子小时候什么事都喜欢亲自试试,我不仅同意,而且还鼓励他做。其实,很多事并不是通过书本知识就能知道方法,只有亲身体验才能了解透彻。”老崔见老吴没听明白的样子,又端起酒杯说,“就说这酒吧!书上说美酒甘醇,喝下肚辣而爽。可你不亲自尝尝能体会爽的感觉吗?所以,孩子大了,有些事就让他们去做。失败也好,成功也罢,他们亲自做了感觉就不一样。而且,在完成一件事情的过程中,可以培养他们思考和解决问题的能力。”

老崔说的一番话给老吴狠狠一击,一直以来,老吴对自己的教育方式自信满满,可这一番话却让老吴觉得无地自容。他敬老崔一杯,说:“听君一席话,胜读十年书啊!”

回到家,老崔逐渐改变了教育策略,他不再让儿子只是看书、学习,先让他从做家务开始,老吴鼓励儿子大胆做事。慢慢地,老吴发现儿子性格越来越活泼,说话声音也大了许多,而且特别自信。最重要的是,儿子做题时的思路越来越活,成绩当然也有所提高。而什么事也不用多管的老吴,感觉又轻松又幸福。

4. 有时孩子表现的任性是在撒娇

俗话讲:孩子见到娘,无事也要哭。我想许多家长也发现了这样的规律，有时候孩子在除妈妈爸爸之外的人面前表现得很乖，而在爸爸妈妈，特别是妈妈面前却表现得很任性。

就拿我妹妹家的孩子阳阳来说，妹妹把阳阳放在我家的几天里，阳阳能按时吃饭，而且我们说怎样做他就照做，特别乖巧。可妹妹过来后，阳阳就特不听话，一会儿跳上床，一会儿又让妈妈抱，不多时就把妹妹惹烦了。我们跟妹妹说："你不在时，阳阳可乖了。"妹妹开玩笑说："干脆把他放你家得了，他一看到我麻烦事就多。"

其实，像阳阳这样的心理是孩子压抑的释放。妈妈是孩子最亲最亲的人，在妈妈面前，他就敢任意妄为，这是天性的使然。而在没有妈妈的时间里，孩子身边没有让自己放心依赖的人，有些他想做的事不敢做，他就特别想念妈妈。那么当孩子再见到妈妈时，就会既激动又委屈，可他们不知道用什么方式表达，只好用撒娇、流泪来表达对妈妈的爱。

可见，孩子撒娇是在寻找一种重要的心理营养，撒娇所表现出来的任性也是因为他们依恋妈妈、信任妈妈，妈妈是孩子安全的港湾。

而在孩子渴望得到妈妈宠爱的时候，妈妈却一味地责怪孩子，觉得他脾气怪、倔强，或者用暴力的方法让孩子变乖，这样做不仅会适得其反，还会伤了孩子的心。孩子对妈妈会渐渐失去这种依恋，他会变得不再表达情感，更不会对人付出情感，从而变得麻木不仁。

有的妈妈曾经还得意地说："我从来不抱孩子、亲孩子，孩子也不会跟我撒娇，孩子把我的话当命令。"家长们不要羡慕这样的母子(女)关系，因为这样的孩子也绝对不会和妈妈表现亲昵，或许他们很尊重妈妈，但并不是依赖，他们不会轻易向妈妈吐露心事。

因此，妈妈在面对孩子的撒娇、任性时，要等孩子委屈的情感宣泄后，去抱抱他们，亲亲他们，安慰与妈妈分别的寂寞，满足孩子的撒娇。妈妈们要给孩子撒娇以温暖的回应，让孩子拥有甜蜜稳定的依恋情感，这对孩子日后的心理成长有着深远的影响。

当然，孩子心理渴望关爱，我们可以满足，但是不合理的要求依然要坚决不同意。

比如妈妈正在做饭，孩子非要让妈妈抱，那妈妈可以抱抱他，满足他们的撒娇，但是不能一直抱着孩子而不做饭，这样的要求是不可以的。而通常，遇到这种情况，若是家长抱了会儿孩子后，再耐心地说："好了，妈妈要做饭了，一会儿宝宝该饿肚子了。"孩子一定会非常配合地自己玩去了。相反地，若孩子索要拥抱，妈妈不予理睬，硬是把孩子"赶"出厨房，孩子就会越闹越凶。

在这里，还有个非常有趣的办法和孩子交流这种撒娇情绪，那就是家长也要跟孩子撒娇。

妈妈工作累了，回到家扑通躺在床上，撒娇地说："宝宝，妈妈好累啊！帮我倒杯水喝呗！谢谢宝宝啊！"孩子一定会高高兴兴地去端水，孩子也希望能为爸妈做事情；又或者，孩子让妈妈讲故事，妈妈可以说："宝宝，妈妈嗓子疼，话讲多了难受啊！要不，我只讲一个，其他的你自己看，行不？"妈妈软绵绵的语调会激起孩子想要照顾妈妈的情感，这样孩子也会懂得如何照顾别人了。

妈妈是孩子安全的依赖，孩子也是妈妈心里最大的安慰。那么，家长不妨放下高高在上的姿态，向孩子也撒撒娇，一定会发现另一番不一样的感觉。

身边的故事 5-4

10 岁的小边放学后看到是爸爸来接她，心里有点不高兴。她问："妈妈呢？"爸爸说："妈妈感冒了，在家里打针呢！"

回到家，小边来到妈妈跟前说："妈妈，我要吃红烧肉，你快给我做。"妈妈虚弱地说："今天妈妈做不成了，妈妈在打针。"可小边不管这些，大哭大闹地非要妈妈做，还用手去拉妈妈起来。爸爸看见了，非常生气，他大声训斥道："小边太不懂事了，没看到妈妈生病了吗？你不照顾她，还要吃什么红烧肉。你已经 10 岁了，不是小孩子了。"爸爸把小边拉到一边。

小边哼了一声，回到自己屋里不出来了。晚饭也没吃。

妈妈对爸爸说："小边怎么这么冷漠？我白疼她了。"爸爸说："我哪天去问问心理医生吧！哪有这样的孩子啊，见到妈妈生病都无动于衷，太任性、太无情了。"

第二天，小边还在生气，她喝着粥，问："妈妈今天能送我去上学吗？我要让妈妈送我。"爸爸说："你妈妈到现在还吃不下饭，没有力气送你。"小边撅着嘴不说话。早上的事，爸爸没有告诉妈妈，他担心妈妈会更难过。

过了几天，妈妈感冒好了，又担当起照顾小边的任务。小边似乎忘记了几天前的不快，又和妈妈有说有笑了。

可爸爸却没忘记去咨询心理医生，他不想让小边成为一个冷血、没有感情的人。

心理医生听后，解释说："像您家孩子正处于以'以自我为中心'时期，她无法理解别人的感受，妈妈病了，她不能感受到妈妈的痛苦。妈妈不接她放学，不给做红烧肉，她的理解是妈妈突然不关心她了，她很失落。她任性非要妈妈做红烧肉是想用刺激的方式获得妈妈的疼爱。"

爸爸很不理解，问："她不理解妈妈的难受？不可能吧！她不是小孩子了，也经历过打针感冒的难受，怎么会不理解呢？

心理医生说："因为孩子一直是被照顾的，她不懂得用换位的方式去思考。妈妈一直是强大的形象，孩子不懂妈妈也会难受。所以说，你们在平时就要教育孩子用积极的行动来表达爱，他会爱别人，才能真切体会到别人的感受。"接着医生又告诉了爸爸该如何去做，爸爸受益匪浅，牢牢记在心上。

回到家，爸爸和妈妈商量了改变小边的具体过程。首先就从妈妈"示弱"开始。

这天，妈妈正在洗衣服，小边从妈妈身边走过，妈妈说："小边，妈妈洗衣服有点累，帮妈妈捶捶背。"小边很高兴，虽然她只捶了几下，妈妈还是很幸福地说:"小边也能照顾妈妈了,妈妈真高兴。"小边得到了表扬,就想帮妈妈做更多的事,她说:"妈妈,我帮你擦地吧!"妈妈说:"好啊!"虽然小边根本不会擦地,但是她觉得能帮妈妈做事了,感受到帮助别人的快乐,在她心中就有了主动付出的动力。

另外,妈妈适当接受小边的撒娇、任性,及时表达出父母对小边的关爱。那天,妈妈出差了两天,小边见到妈妈就缠着她要出去玩。妈妈挺累的,但是她说:"妈妈累,走不动了,咱俩在床上玩拍手吧!"小边立即就同意了。

一段时间后,小边变化很大,她不仅懂得体谅别人的感受,还懂得了如何主动帮助关心他人。爸爸妈妈感觉到又幸福又欣慰。

5. 孩子故意任性,是让你在乎他

既然某些撒娇的任性是孩子寻求被爱的一种方式,那么有些故意而为之的任性却是孩子在用刺激的方式引起你的注意。

为什么孩子要引起家长的注意呢?这一切皆来自于索爱。安东尼奥·威瑟姆博士曾经说过:"是孩子唤醒了父母心中的爱,同时孩子也需要得到父母用心的关爱。"

现代社会父母都太忙了,白天忙工作,晚上忙应酬。虽然家长没有足够的时间与孩子相处,可这并不意味着家长不爱他们。恰恰相反,家长的努力奋斗最终还是为了他们。

可是,家长对孩子说这些,他们能懂吗?能理解吗?对小孩子来说,吃、喝、玩、乐是他们的全部,而在这些过程中有爸爸妈妈的陪伴才会吃喝得更香,玩得更乐。

但是家长很忙碌,根本无法满足孩子们的要求。我们只能抽出些时间,更多的是关心孩子的学习情况。"今天上课受表扬了吗?"

“今天作业写完了吗?”“这次考试得了多少分?”……因为我们知道，学习知识才会让孩子有美好的未来,我们不能因为忙而对决定他们未来的学习不管不问。

家长这样的“关心”对孩子来讲却是自私的爱。他们不希望自己最亲爱的爸妈只是关心他的学习,他们更需要的是父母关心自己的心理感受。他们想和父母说心里话,而非只是学业上的汇报。所以就会有些孩子以他们自以为“管用”的办法向家长传达一种信息:我需要你的关心、关爱,你应该从忙碌中探出头看看我。他们或者会表现得更好,引来家长的表扬;而也有一种孩子则相反,表现的是更加淘气、顽劣、任性、哭闹不止、乱发脾气,甚至会做出一些不可思议的事情来,逃课、打架……总之都是一些能引起你注意的事情,以达到重视他们的目的。

前段时间,我忙着写书稿,白天上班,晚上熬夜。女儿的一切生活都是由她爸爸打理,我很少过问,满脑子都是书稿的事,哪还有心思放在女儿身上啊!

就在我赶稿的最后几天,女儿不再像以前一样不来打扰我,相反地,她总是来书房惹我生气。一会儿问我吃不吃饼干,我说不吃,不要来打扰我。可过一会儿她又在书柜里翻书,还弄出很大的响声。我问她为什么不乖,总打扰妈妈。她说:“你休息一会儿,陪我玩球吧!”我更生气了,说:“你已经9岁了,还要我陪着玩?你到底要干什么呢?”当时,我一直想着快点完成书稿,没有考虑到女儿的心理。女儿见我生气了,低着头走了。

后来,我去厨房喝水,经过女儿的卧室,我看到她抱着布娃娃在擦眼泪。我突然感觉很自责,是我没有体谅女儿想念我的情感,忽略了她“惹”我恼怒的目的。

我连忙去抱女儿说:“好了,我们出去玩滑梯。”女儿问:“你不写了吗?”我说:“一会儿再写,先陪我的宝贝玩个痛快。”女儿立刻破涕为笑。

是的，我们再忙也要放慢脚步，多陪陪孩子。如今，仅仅是充足的物质并不是孩子们真正想要的，他们需要的更多的是心理、精神上的关注。那么再忙的家长也要想办法让孩子感受到你对他们的关爱。你可以这样做：

第一，在自己忙碌时，如果有些事孩子能够帮着完成，你就让孩子成为你的助手。在孩子做事的过程中，也与你度过了一段充实而有趣的时光，让孩子感觉到他能帮助父母，他们和父母一直并肩努力。

就像我写稿子时，有些问题涉及儿童的心理与想法，我直接就问女儿是怎么想的。她会问我做什么用，我说，写稿子用。那天我把关于女儿的事写在故事里，女儿知道后很兴奋，说，等故事印出来后一定要指给她看。我看得出，女儿因为能够帮助我写故事而特别自豪。我说，可以，但是你不要打扰我了，行吗？女儿痛快地答应了，走出书房，还帮我把门关上。

第二，忙碌的父母们，没时间和孩子见面，那可以用纸条的形式来表达对孩子的关注和鼓励。我记得在某部韩剧里就有把互相鼓励对方的话写在纸条上，贴在冰箱门上。我们可以买块小黑板挂在家里，给孩子写上关心的问题、励志的格言，这都可以表达对孩子的一种在乎。

身边的故事 5-5

张磊遇到"富二代"冯晶晶后，不无感慨地在微博上留言："人活在世上，不论有钱没钱，都不能缺少被关爱。"这话听上去，感觉张磊经历过什么饱经沧桑的事似的，其实，张磊和冯晶晶都还只是初二的学生。

他俩相识在一间网吧里。张磊家里不富裕，爸妈长年在外地打工，只有过年回来住几天，由姥姥、姥爷照顾他，张磊经常旷课来网吧玩游戏。而冯晶晶的爸爸是本市最大一家卖场的老板，妈妈是一家酒店的老总，都很忙，冯晶晶由保姆照顾。当然，冯晶晶家里不缺电脑,但是她还是喜欢在网吧上网,因为这里人多,她感觉不孤单。

那天,冯晶晶就坐在张磊的旁边,张磊瞄一眼她,就知道这女生是个“富二代”。张磊对这样的人是羡慕、嫉妒、恨。哼！有钱还来网吧,吃饱了撑的。可是过了不到一个小时,张磊身旁的女孩低低地哭泣起来,张磊以为她看韩剧感动了,就自言自语地说:“多愁善感。”女孩轻轻地说:“我姥爷去世了。他们都没告诉我,是我表妹给我发的邮件,我才知道。”张磊突然想到去年他姥爷病危时的样子,心里陡然一惊,安慰道:“节哀顺变吧!”女孩哭的声音有点控制不住了,张磊说:“我陪你出去走走吧!”

就这样两个人熟识了,成了好朋友。这两个孩子虽然生活条件悬殊,但是孤单、寂寞却把他们紧紧地联系在一起。

有时张磊开玩笑说:“冯晶晶,你一个富家大小姐,怎么跟我混啊?”冯晶晶说:“人生得一知己足矣。我看到你就好像看到了自己,外表骄傲,内心卑微。”张磊竖起大拇指:“总结得好。你知道为什么吗?”“因为我们缺少爱的滋润呗。你我共同的特点就是得不到爸妈的爱。其实,我最大的奢望就是在他们中间睡觉,早上第一眼看到的就是他们,而不是空荡荡的房子。”“不,我最大的心愿是让他们陪我去游乐场玩。从小到大,我最羡慕的就是可以像别的小朋友一样在妈妈身边又蹦又跳,耍脾气。”

两个孩子说完同时叹了口气,因为他们知道这只是奢望。小时候,两个孩子不是没有努力过,为了引起爸妈对自己的重视,张磊曾经用刀在自己胳膊上划了道大口子,可是爸妈只是来了通电话;上学后,爸妈特别关心他的学习,他就不写作业、与老师顶嘴,被老师赶回家,可爸妈还是只在电话里训斥他,还是没有回来。有时候,张磊想,自己到底是不是他们亲生的。而冯晶晶虽然是女孩,也曾做过很多极端的事,换回的只是爸妈的批评,爸妈仍旧把全部心思放在自己的事业上。

冯晶晶仰望星空说:“你说,我们做什么事,他们能在意呢?”张磊想了想说:“我进监狱,你生孩子,他们一定吓坏了,哈哈……”冯晶晶沉默良久,突然说:“张磊,要不咱俩就这么做吧!我想做个试验,看他们是不是我的亲生父母。”“我进监狱,那可不行。我姥姥会气死的,她最爱我了。”张磊不同意。“不是,我们假装谈恋爱,同居。这样的大事,他们要是还不管不问,那咱俩都不是他们亲生的。”

这一晚上,他俩为验证自己是不是父母的亲生孩子商量好了计划。

有句话叫“好事不出门,坏事传千里。”不到一个月,双方父母都听说了“同居”这件事。

张磊父母看着眼前长得又高又帅的儿子,心痛又悲伤。妈妈含着泪说:“张磊,从小到大你让我们操碎了心。我们在外面辛苦工作,不都是为了你吗?现在,你竟然做出这样的事。唉!我和你爸商量了,在这里找份工作,我们不想你这样堕落啊!”

冯晶晶的爸妈严肃地看着女儿,爸爸说:“晶晶,我们承认对你照顾不够,可是你小小年纪也不能同居啊。我听说那男孩旷课,不学无术,你有必要为了他耽误自己的一生吗?我和你妈商量了,你妈把酒店转让,我也减少外出,你就老老实实在家里待着,好好上学吧!”冯晶晶听了,没有如往常一样任性发脾气,而是跳着、搂着爸爸的脖子说:“爸,我要你们陪我睡觉。”弄得爸妈是丈二的和尚,摸不着头脑。

张磊和冯晶晶在爸妈的“管束”下,竟然十分开心,一点也没有棒打鸳鸯的痛苦。这天,两个孩子把双方父母“骗”到饭店,张磊说:“不好意思,我们骗了你们,但是我们知道了你们是我们的亲爸妈。”

经过冯晶晶的解释,两家家长才明白这一场“骗局”的开始和结束。家长们都很不好意思,在饭桌上,感觉他们像认错的孩子,冯晶晶和张磊像是成熟的大人。但是,过程是折磨人的,可结果却是好的。两个孩子已经保证,一定会好好学习,不让大人失望。大人们也道歉,没有考虑过孩子的感受,是大人的失职。后来,张磊的父母被冯晶晶父亲聘用,两家人成了要好的朋友。

6. 孩子情绪的不快用"任性"来发泄

别以为孩子小,就没有烦心事,其实,他们也不是时时都快乐的。可是因为孩子小,自我节制能力弱,不能够如大人一样理智地控制情绪,通常,他们有了负面情绪会用不同的方式发泄。有的与人沟通,有的闷闷不乐,有的自言自语,有的甚至会伤害自己和他人。

女儿刚上幼儿园时,某天放学回来,她不像往常那样高兴地给我们讲幼儿园的趣事,而是拿出水瓶子"啪"地就给扔在了地上。我纳闷:这是谁惹她了? 怎么火气这么大? 我笑着问:"怎么了?"女儿嘟囔着:"明天不带这个破水杯了,我要换一个。""水杯惹着你什么了,这水杯刚刚买的,不是你自己选的吗?""反正不好。"女儿又用脚踢了水杯两下。我连忙捡起水杯说:"哎呀,这水杯可是新的,踢坏了就可惜了。你要是想踢就使劲踢球。"我把球放在女儿脚下。女儿狠狠地把球朝墙踢去,我从来没见女儿这么凶过。我不知道她遇到了什么事,很为她担心。

我就这样看着她,直到她踢累了,扑通坐地上哭了起来。我搂着她拍拍她的背说:"哭吧,使劲哭。"过了一会儿,女儿才停止哭泣,说:"妈妈,我打不开这个水杯,同学们都笑话我。同桌还说我笨。"我说:"噢,那好办,现在我就教你怎么打开它。"

我拿过水杯,教女儿怎样使用水杯的盖子。其实女儿就是不知道该在哪儿用劲,所以很快她就学会了。女儿胆小,动手能力弱,而且自尊心强,这才让她对水杯发火的。

女儿低落的情绪过去后,我说:"你看才多大点事啊,你还那么发火。我教你不就得了吗? 以后,有什么事跟妈妈说,妈妈帮助你。如果你不高兴就踢球。"女儿听了开心地点点头。看着她的笑脸,我知道这次关于情绪控制的教育达到了良好的效果。

而通过这件事，我们看到，在大人看来是微不足道的小事，可在孩子眼里却是个过不去的火焰山。大人心情烦躁时，还要喝喝酒，抽抽烟，找个方式发泄不快，那凭什么要阻止孩子的情感宣泄呢？

压抑自己的情感会怎样？心里堵得慌，胸闷气短，时间长了，会得心理疾病和身体疾病。另外，一个人无法掌控情绪，不知道如何用适当的方式发泄情绪，有可能用极端的方式伤害自己或他人，这是很危险的。因此，家长要教孩子用适当的方式发泄情绪，还要教孩子学会管理情绪。

另外，当孩子的需要得不到满足时，他们就会有一种情绪的发泄，表面上看是任性、固执的行为，家长要能洞悉孩子这些行为的真正原因，引导孩子认识什么是情绪。

孩子小不知道怎样表达自己的心情，也不明白心理是怎么回事，但是他们所表现出莫名烦躁时，我们就不能忽视了他们的情绪变化。有次，女儿玩了一上午的电脑，突然就开始大叫，我无法让她安静下来，就问她为什么大叫。女儿说她自己也不知道，就是想叫。我知道这是她在发泄情绪，我说好吧，你去另一个房间叫，好吗？女儿真就去了另一房间叫了一会儿才出来。然后我跟她讲："以后想叫就大声叫，但最好不要打扰别人。你喊过之后，是不是感觉很舒服。叫声把你心中的闹心事吓跑了。"我知道，她这是玩电脑时间太久，心烦了。我说："关掉电脑，我们出去溜达溜达。"在外面，女儿心情又恢复了原态。

当然，小孩子自己是找不出来烦心的原因的，家长可以用转移注意力的方法帮孩子忘记烦恼。

总之，孩子的一些任性行为背后的确隐藏着很多的小秘密，作为家长的我们要真正走进孩子的心里，了解他们的想法，当孩子的心理调节师。

身边的故事 5-6

小菊放学回来，一头就扎进房间里没出来。妈妈冠晴觉得奇怪，这孩子头一回到家就写作业，真是太阳打西边出来啊！

到晚饭时间，小菊还没出来，冠晴只好去叫她，冠晴推开门，竟然发现小菊躺在床上听 MP3，书包放在一边，根本就没写作业。冠晴这火腾就上来了，说："我刚才还寻思，这太阳怎么能从西边升起呢，这么长时间不写作业，听歌有什么用？我给你买 MP3 是用来听英语的，可你从来都是听歌。"她一连串的责骂，小菊像没听到似的无动于衷。冠晴上前就从小菊耳朵里拽出耳机说："不许听，快写作业。写不完不许吃饭。"小菊慢腾腾地打开书包，不情愿地拿书、本子。冠晴看她那执拗的样子，赶快离开了房间，她担心自己下一秒钟控制不住非打这孩子不可。

一个小时后，冠晴把牛奶送到小菊房间，小菊还在写作业，她没说话，冠晴也没说话，就退出了房间。

第二天，小菊简单吃过饭，就上学去了。可是 9 点钟，班主任打来电话问小菊为什么没来上学。冠晴脑袋轰地一下，早上小菊是背着书包走的啊！没上学，她去哪儿了？冠晴想起昨天小菊的反常，难道昨天她遇到了什么事？可是冠晴只顾着发火了，没注意孩子的情绪啊！

冠晴跑了趟学校，向老师同学打听昨天发生了什么事，一个同学说："昨天小菊和别人打架了，被一个女生打了个嘴巴。原因是小菊不小心踩了那个女生一脚，小菊没说对不起，两人就吵起来，后来动起了手。"这事老师都不知道，看来今天小菊是有目的的出走。

冠晴急忙去报了警，说明原因，警察通过各路口的监控器，看到小菊去了火车站。

等冠晴来到火车站，看到小菊正在那儿等车，那是往西藏方向去的。妈妈哭着奔过去，搂着小菊说："小菊，有什么委屈和妈妈说，你走了,妈妈怎么办?”小菊没想到妈妈这么快就找到了她,她也哭着说:“妈妈,对不起。我就是想离开这里,我心里憋得慌。”冠晴为孩子擦去眼泪说:“妈妈都知道了,是妈妈不好,不够关心你。走,咱们回家,共同去面对。有些事逃避不是办法,该解决的还得解决。有妈妈在,不用怕。”

在老师和校方的协助调查下,小菊打架事件的真相是这样的:小菊走路时,根本没发现踩了另一个女生的脚,径直往前走,那个女生骂小菊眼瞎了。小菊还不知道怎么回事,就问:“你骂谁呢?”女生很凶地说:“就骂你,怎么的?”两人就吵了起来,女生吵不过,就伸手打人,小菊根本没还手就跑了。在整个事件中,小菊都是被动的,因此学校的处理是,那个女生记过一次,并向小菊道歉。

这件事解决后,冠晴也郑重向小菊道歉:“小菊,妈妈没能发现你的情绪,还一味地指责你。对不起,以后再有什么不愉快的事就跟妈妈说,妈妈会帮你出主意的。”小菊搂着妈妈亲了又亲说:“妈妈是最好的妈妈。”

7. 孩子因嫉妒而“任性”

首先来看一个关于孩子嫉妒心理的实验报告,该实验的主持者是美国德克萨斯科技大学的助理教授赛比尔·哈特。

他请来一位母亲和她6个月大的女儿。母亲把孩子放在实验室一张高高的椅子上,前面是两台摄像机,用来记录孩子的神态和表情变化。准备工作做好之后,哈特交给母亲一本书,让她读书和哈特聊天,就是不要理孩子。开始时,小宝宝只是好奇地打量着实验室里的一切,显得有些无聊。接下来,哈特从外面抱回一个和小宝宝差不多大小的布娃娃交给她母亲,让母亲好好“哄哄”这个小“婴儿”。看到自己“失宠”，小宝宝就不干了，她先是冲着母亲甜甜地笑。母亲不理她之后，她又开始用脚踢椅子，母亲还是忍着不看她。小宝宝这时忽然放声大哭起来，甚至哭得快要吐了。

实验到此结束，结果证明小宝宝也和哈特在过去10个月的实验中碰到的每个小婴儿一样，表现出了强烈的嫉妒心理。

婴儿期表现出来的任性大多是担心失去所爱的人，但随着他们年龄的增长，与周围的伙伴攀比，会对“比我强”的孩子产生心理排斥，表现出强烈的妒忌。可以说，虽然嫉妒是不宽容的表现，但也是幼儿自我意识觉醒的表现。我们不能忽视在孩子妒忌背后也是他好胜心强的表现，利用得好也可以成为孩子前进的动力。

但是因嫉妒所产生的一些副作用却是我们不容忽视的问题。如攀比、虚荣、说谎，还有就是任性。

我家很少来客人，三月，孩子的姑姑来家里住了几天。第一天，女儿对姑姑还很有礼貌。可第二天她的态度就变了，我们聊天时，女儿非要让我讲故事，我批评她几句，她就大哭，还把书扔在地上；姑姑要看电视，女儿抢过遥控器，给换到了少儿频道，还幼稚地把遥控器藏起来，让我们哭笑不得……女儿类似的行为还很多，我开始还对她进行阻止，可越是阻止她越任性，弄得我很尴尬。后来，我意识到，这是女儿在嫉妒姑姑。因为，一直以来，女儿是我们生活的重点，大人的眼睛整天都盯在她身上。姑姑一来，女儿被重视的程度大大降低，她既嫉妒又生气，所以才会处处表现出对姑姑的“敌对”。而我没有考虑她的内心想法，只是简单、粗暴地制止她的行为，只会让她觉得在我心中她已经不重要了，就会表现出更任性。

后来，我跟女儿说：“姑姑是我们家的客人，而你是我最爱的宝宝，我们对待客人要有礼貌，你不可以总是耍脾气。”另外，我也会时时照顾女儿的情绪，如原来一直考虑姑姑喜欢吃什么，现在我也要询问一下女儿有什么要求，让她觉得我并没有忽略她。

经过我这种态度转变，女儿渐渐接受了姑姑的到来，对姑姑也表现出亲近，也很少无缘无故地耍脾气了。

看了我女儿的故事，家长也该理解，为什么家里来了其他小朋友时，孩子却更任性的原因了吧！这都是嫉妒惹的祸啊！

嫉妒是人之常情，只是孩子不懂得掩饰而已。孩子表现出嫉妒的感受时，大人不应该立刻否定，而是应该给予承认和接受，倾听孩子的心理感受，以便孩子因嫉妒产生的不良情感能够得到宣泄，然后，再进行引导，更容易使孩子接受。

嫉妒心理必须加以正确的引导才会成为孩子成长中的有效动力，平时应教育孩子理解人与人之间客观存在的差异性，让孩子懂得每个人都有不同的优势和不足。引导孩子欣赏别人的优势和长处，从而能够学习、借鉴别人的优势和长处，以弥补自己的不足，让孩子正确看待竞争，激发孩子把嫉妒转化为竞争，增强适应社会环境的能力。

身边的故事 5-7

小林带着儿子晨晨在广场上玩，恰巧遇到晨晨的同学刘俊。刘俊特别爱说话，和小林滔滔不绝地讲自己的趣事。小林直夸刘俊是个幽默、懂事的孩子。

刘俊要晨晨去那边凉亭里玩，晨晨说不去，就在这儿玩球吧！刘俊答应了，晨晨踢球却是总往很远的地方踢，害得刘俊跑来跑去地捡球，小林说："晨晨你用那么大力干吗？要像刘俊那样踢。"晨晨不高兴了，把球踢得更远了，说："我不玩了。"说完，扭头就要往家跑。小林急了，在后边追着说："你跑什么，注意车。"

回到家，小林很生气，他觉得和儿子一样大的刘俊很懂事，识大体，不像儿子小心眼，还那么任性。小林说："晨晨，刘俊是你的同学，你这样对待人家，怎么能交到朋友？再说，你不玩就不玩吧，还急急忙忙地跑，不顾危险的做法太任性了，以后要改正。"晨晨一听火气更大了，狠狠地踢门说："就不跟他玩，不跟他玩。"那样子太可气了，小林在他屁股上拍了两下。晨晨哭了起来，小林也不管他了。

晚上，妈妈回来，晨晨眼泪还挂在脸上呢！妈妈问怎么了，小林就说了白天的事。妈妈没有责怪晨晨，而是温柔地说："刘俊是比咱晨晨爱说话，所以晨晨应该向刘俊学习啊！咱们晨晨比刘俊球踢得好，他踢得没有力量，所以刘俊也要向晨晨学习。每个人都有优点和不足，你向他学习，他向你学习，这样才能更厉害。"晨晨不说话，妈妈又接着说，"但是你没有礼貌和乱跑就不对了，广场上人那么多，你跑丢了，怎么回家啊?"妈妈拍拍晨晨的头说："以后，觉得别人比咱们好的地方，就要向他们学习，知道吗?"晨晨点点头。

睡觉时，小林问老婆："你跟儿子说那些干什么？他任性的样子太可气了。"老婆生气地说："我还没说你呢，你不了解晨晨的心理还打他，真是太过分了。儿子是因为嫉妒你表扬刘俊才发脾气的，你应该立即引导孩子正确地面对别人的优点。今天你错失了最佳的教育时机。"那晚，老婆给小林上了一堂家庭教育课，小林受益匪浅。

又有一天，晨晨放学回来就把书包扔在地上，小林看出来了，这是晨晨在发脾气，一定是又遇到了什么不快的事。有了上次的经验和老婆的教育，小林没有生气，没有粗暴制止，而是温和地说："儿子，心情不爽，那先吃块雪糕。"晨晨大口大口地吃，小林看着他，问："咋了，有什么不高兴的事吗?""今天，老师让同桌当小组长，他都不完成作业，上课还说话。"小林听出来了，这是晨晨嫉妒同桌了。"我知道老师这么做的目的，因为同桌表现不好，可是当上小组长，他就得严格要求自己，其实老师这是在约束他。另外，小组长的工作很多，比如说管其他小朋友，也许同桌在这方面比较强。我知道晨晨也想当小组长，但是还需要努力，比如你不愿意跟其他小朋友玩，这就是缺点。小组长应该和所有的同学都是朋友。"这时，晨晨吃完雪糕说："嗯，班干部都喜欢说笑。"看来，晨晨听明白爸爸的话了。

小林很高兴,一会儿老婆回来,他也要炫耀一下,并不是只有老婆才会教育孩子。突然,小林为自己的这个想法感到可笑,他竟然也嫉妒起老婆来了,真是的!晨晨见爸爸在乐就问笑什么,小林说:"爸爸也犯错了,咱们一起改。"

第六堂课

孩子任性可以适当被“鼓励”，处理得当坏事变好事

课前导入

这一堂课是本书的结束篇章，是关于如何有效利用“任性”的。“任性”是孩子的一种性格缺陷，但从另一个角度来看，任性也可以表现出一定的韧性，而这韧性能否让孩子用到恰当的地方，能够帮助孩子利用自身的性格特点走向某一点的成功，就得需要家长的正确处理了。所以，通过这一堂课，家长们会发现，只要我们善于掌握孩子的心理，巧妙利用方法完全可以把“任性”转换为“韧性”。

1. 孩子任性“撕书”，那就让孩子做手撕画

教育专家教育我们：要保持孩子的天性，不能抹杀他们的创造力。比如说孩子想怎么画画就怎么画，家长可不能强行干涉。教育专家说得太对了，可是咱那孩子偏不在纸上画，非要在那雪白的墙上乱涂乱画。那可是花了很多钱装修的，我不能为了培养孩子的画画能力而让他就这样搞破坏吧！于是，我们和孩子耐心地讲，画画要在纸上画，可你越是这样说，孩子越画得来劲；我们也动用了武力，但效果却不大。看着心爱的家被孩子弄得乌七八糟，我们只能望墙兴叹。唉！任性的孩子可拿你怎么办呢？

我去很多同事家，特别是家里有男孩的，墙壁上大多都被孩子画得不堪入目。有的同事甚至说：“我那边新买的房子先放着，等孩子长大懂事了再搬进去，我可不舍得孩子再去新房搞破坏。”瞧我这同事被孩子吓得。我家一个亲戚更有办法，她是学美术的，在孩子乱画的墙上画了一面风景画，既掩盖了乱画的破旧，又装饰了墙面。但这招却使孩子更有在墙上画画的冲动了，也不是个好办法。

也是，雪白的墙被孩子用各种颜色的笔画得乱七八糟，是挺难看的。关键是我们不让孩子在墙上画，他却任性偏要画，我们总不能为了不让他在墙上画画，而把家里所有的颜料笔都收起来吧！其实，我有一招，索性就给孩子一面墙让他随便画，当然在墙上贴画纸太浪费，那就挂一大块白板。孩子都喜欢当老师的感觉，他在这块大白板上可以画画也可以玩课堂的游戏，还是个不错的游戏道具呢！

其实，大家也别小看孩子的乱画，风靡一时的涂鸦艺术就是从乱画开始的。而涂鸦一词最早出现在唐朝诗人卢仝的诗中。卢仝有个儿子叫添丁，喜欢乱涂乱写，常把卢仝的书册弄得又脏又乱。卢仝因

此写了一句诗:“忽来案上翻墨汁,涂抹诗书如老鸦。”把儿子的顽皮和自己的无奈描写得惟妙惟肖。后来,人们便从卢仝的诗句里得出“涂鸦”一词,流传至今。开始时涂鸦主要的介质为墙,但进入20世纪后期,涂鸦所依赖的介质不止是墙了。到了21世纪,许多年轻人把涂鸦与时尚的嘻哈元素结合,往多元化发展。位于北京市海淀区人民大学南路,有长730米,高2.5米的涂鸦墙,几乎都是学生们的作品。因为创作有“奥运向我们走来”这一主题,由此被命名为“北京之墙”,也由此成为目前国内最长的一段涂鸦艺术墙。

看看吧,孩子在墙上乱画,没准能画出个艺术大师呢!

当然,我们在这里要说的,并不只是孩子任性地在墙上画画这一件事,孩子的一些任性行为,如果家长稍稍帮他转个弯,加以引导,那结果完全就不同了。

再说一件令家长烦恼的孩子任性行为——撕书。我们都知道,培养孩子的阅读习惯对他的一生都有着重要的影响,所以从胎教开始,家长们就把读书作为一个教育的重点。可孩子压根儿就不领这个情,把我们精心挑选的书撕了个七零八碎。我们怎么可能怕他撕书就不给孩子买书呢？这是一个矛盾的问题,确实很让人头疼。

但是,苦恼的家长们,我们可以这样做,孩子喜欢撕书,或者说喜欢撕纸,那咱们就给孩子准备大量的五颜六色的彩色纸,让他做手撕画！撕个圆形贴在纸上当太阳,撕个方形当房顶……一会儿就能撕出个贴纸画。然后再耐心地跟孩子讲,书是用来读的,而这样的五彩纸是用来做手撕画的。这样既保留了书的完整性,又可以在撕纸的过程中培养孩子的创造能力。可谓是一举两得的好办法啊!

孩子有些任性的行为让我们矛盾重重,管也不听,不管也不行,而且孩子任性起来那股劲千军万马也拉不回来,就像在墙上乱画,家长能因此剥夺孩子画画的权利吗？那做家长的可以换个思路,寻求他法,将孩子的任性行为引导到对孩子有益的方面,这不是转移孩子的注意力,而是要利用“任性”并把它作为一个手段培养孩子的另一种能力。

身边的故事 6-1

去年,在市举行的手机微型故事大赛中,获得大赛金奖的是一个高二的学生——书小航。当电视台去采访书小航时,书小航腼腆地红着脸说:“我能取得大赛的金奖,最要感谢的人就是我的父亲。”接着书小航就向我们讲述了他父亲教子的故事。

其实书小航并不是个学习上进,有着良好的学习习惯的孩子。他从初中开始就不把心思放在学习上。上课看课外书,逃课去上网……做的是家长老师头疼的“坏”孩子做的事。父亲为此打过他,骂过他,可书小航仍旧任性地、无所忌惮地做着令父母气愤的事。

但是父亲也没有让书小航退学的打算,毕竟孩子还小,望子成龙的想法让父亲还心存侥幸。可是,到了高中的书小航更加“不学无术”,早恋,与老师顶嘴,扰乱课堂纪律。班主任找到书小航的父亲说:“我们对现在的孩子要求越来越低,像书小航这样的孩子,只要他不影响其他同学上课,我们对他的要求也放松。”父亲听后很伤心,书小航提出为了打发上课无聊的时间,想买部手机,父亲也无奈地同意了。

以后,书小航可有了事情做。上课看手机小说,发短信,虽然不扰乱课堂纪律了,但是老师讲什么他啥也不知道。

父亲表面上对书小航不管不问,可暗地里仍旧监督着孩子,他想:不学习就不学习吧,三百六十行行行出状元,怕就怕他不学好,走上犯罪道路。所以,父亲偷偷地看书小航在手机上都做什么。

经过一段时间的“侦察”,父亲发现儿子对手机小说特别感兴趣。他突然来了灵感,那何不让儿子在小说的世界里找回自信呢?于是,他跟儿子说:“小航,你看了那么多小说,就没有自己写一部的冲动吗?我也看了一些小说,觉得你肯定能写得比他们好。”儿子一听来了兴趣说:“我觉得也是呀!就像昨天我看完的那部,人物关系太烦琐，条理也不清晰。要是我写，就不会这样设计人物矛盾。”父亲点头说：“你小时候作文就不错，你写篇试试，反正待着也是待着。”其实，书小航小时候作文很少及格，但是父亲淡化了那个过程，他只想鼓励儿子能做点事情。书小航仿佛一下子找到了人生目标，他真的就拿起笔开始写小说了。为了能写好小说，书小航又翻出落满灰尘的语法书、大词典……这时候，书小航发现：为了某个目标而学习要比茫然地不知为啥而学的动力大多了。

就这样，在父亲为书小航报了市手机微型故事大赛后，书小航开始还有点紧张呢！这可不像曾经那个目中无人，不可一世的叛逆少年了，他虚心向语文老师请教，不厌其烦地修改自己的故事，最终获得了金奖。

在采访的最后，书小航竟然热泪盈眶，他说：“哪个孩子不想表现好，被人刮目相看。可是我们却不知道自己该往哪个方向努力，希望家长们能听听孩子们的心声，帮我们找回失去的自信。”

记者把镜头转向书小航的父亲，父亲也很激动，他是个淳朴老实的人，他说：“通过这件事，我就发现，父母是孩子的引导者、领路人吧！希望大家能从孩子的角度考虑问题。”

2. 引导孩子敢于尝试的精神

孩子好奇的天性，让他们对一切新鲜事物都充满了无限的兴趣，他们会想尽办法，通过各种途径弄清事物的来龙去脉。而在孩子的字典里，即使是些危险的、家长不允许的事情，他们也要任性地去尝试、去探究。

爱迪生小时候对什么都感兴趣。对自己不了解的事情总想试一试，弄个明白。有一次他看见花园的篱笆边有一个野蜂窝，感到很奇怪，就用棍子去拨，想看个究竟，结果脸被野蜂蜇得肿了起来，他还是不甘心，非看清楚蜂窝的构造才行。再来看看牛顿，他看到苹果熟了掉地上很好奇，他想，地球上的东西，失去了支持后为什么都掉到地上来，而不会向其他方向掉呢？后来，他终于发现了万有引力定律。

可见，孩子的这种好奇心是应该受到大人的保护和鼓励的，好奇心是孩子拥有创新能力的前提。

但是，当孩子的好奇心与不合理的任性行为相冲突时，我们既不能抹杀孩子的好奇心，又不能任由孩子胡来，怎么办？

我有个方法，那就是在对待孩子因为好奇而任性时，家长可以用引导的方式，把孩子的任性转化为培养他们大胆、敢于尝试的精神训练。

左丽这孩子胆小老实，就是有时候任性。这不，爸爸带她出去玩，她看到一帮大孩子在双杠上行走，她也要去试一下。爸爸解释说："那个动作很危险，他们是大孩子，你年龄太小，掉下来会摔伤的。咱们去玩别的吧！"但胆小的左丽今天也不知道为什么，对双杠特别感兴趣，她坚决要上去走走，双手握着双杠，脚蹬着旁边柱子往上爬。爸爸用买零食的方法转移她的注意力也没有效果，用沉默的方式也不管用，看来，左丽对这个玩法太感兴趣了。爸爸一狠心，说："行，左丽，我现在就抱你上去，你可要勇敢啊！"

爸爸用力把小左丽举到双杠上，她这样腾空而起还真有点害怕，当她双脚搭在双杠上时，胳膊却紧紧地搂住爸爸的脖子。其实，她只是好奇这上边怎么能站得了人，到上面来才发现像走独木桥似的，太吓人了。她说："爸爸，我不走了，我要下来。"这时爸爸却不同意她下来了！他说："既然上来了，我们就要试一下，体会一下体操运动员的感觉。来，相信爸爸，不会让你摔下来的。"这双杠对于爸爸来说并不高，左丽站在上边，爸爸可以扶着她的腰。爸爸鼓励左丽："眼睛看向前方，手臂伸开，大胆向前走。"左丽在爸爸的扶持下，走了 5 步，便再也不走了。爸爸把她抱下来，问："怎么样，体操运动员的感觉如何？"

左丽说:“挺吓人的,不过也挺好玩的。”

回到家,左丽还一直很兴奋,她给妈妈讲了在双杠上行走的感觉。她说:“妈妈,看着挺吓人,其实一点也不吓人,特别刺激。我想象下面是一条宽宽的大河,我正在过独木桥,小心地向前走。”妈妈说:“那么高的地方你也敢走啊,左丽你太勇敢了。”这时,爸爸说:“我就是要锻炼我们左丽的胆量,不过,左丽,你自己可不能上去啊!”左丽感受过了,她当然知道危险,不过她接着说:“爸爸,妈妈,我今晚要自己一个人睡觉。还有,下次我要学习滑轮,没什么大不了的。”爸爸一听乐了,他没想到自己没办法情况下的举动,竟然让左丽敢于去尝试一些原来她害怕的事了,真是无心插柳柳成荫啊!

通过这件事,左丽爸爸总结说:“孩子任性的一些行为,家长可以将计就计,把他们的任性转化为一种精神的培养。这样做就会改变孩子的任性,完全转变成家长在训练孩子的一种技能了。果然是一箭双雕的好办法。”

但是好办法是好办法,家长在实施时要注意一些问题:

第一,虽然培养孩子勇于尝试是好事,但是并不是所有的危险事都可以尝试。家长不能对孩子所有的任性行为一概而论。如孩子对煤气火炉感兴趣,这样的危险事家长坚决不能让孩子去尝试,同时要给孩子讲清危险的原因,让孩子们的好奇心止步。

第二,在家长的陪同下,孩子尝试后,家长不要觉得孩子玩过就算了,他们有可能会因为不害怕而自己再去做这件事。因此,家长要及时进行安全教育,明确孩子独立完成这件事的危险性在哪儿,避免孩子发生危险。

第三,培养任性的孩子大胆尝试重在家长如何引导。比如说孩子非要尝试一下用锅铲子炒菜的事,你可以让孩子站在凳子上,去翻炒几下,然后让孩子体会到炒菜油烟、热气的难受和煤气火苗的热度,教育孩子懂得父母的辛苦。

总之,有些任性行为,即使你当时制止了孩子,但不确定他自己日后会不会偷偷去做，莫不如，在大人的监护下，让孩子们去体会、感受一下他们所好奇的行为，再加上我们的正确引导和教育，才会避免一些由任性引发的危险。

身边的故事6-2

在大多数家庭中，像徐然这样的孩子实在太普遍了。调皮、淘气，大人不让做的事他偷偷摸摸也要做一次，还专门喜欢拆玩具，抠犄角旮旯的东西。别看孩子小，手劲还挺大，上次，徐然就偷偷把电视遥控器后的盖子硬是给掰坏了。

妈妈孙慧拿徐然真是没办法了，使出各种招数对付孩子都无济于事，孙慧说自己的，徐然该去做的事谁也阻拦不了。现在的孙慧淑女形象荡然无存，整天像个怨妇似的跟在徐然身后唠叨个没完，有时又被徐然气得像个泼妇似的发火。老公看着孙慧被徐然折磨得难受，劝说："要不，咱俩研究个新办法整治儿子吧！否则，我真担心孩子没教育好，你自己先疯了。"孙慧打老公一拳，说："去你的，徐然还不是遗传了你的精髓吗？我算败在你们爷俩手下了。"老公哈哈大笑。

几天后，老公神神秘秘地说："经过本人这几天的潜伏，也就是暗中观察，其实咱儿子身上全是优点啊！"孙慧一听，撇撇嘴，说："得了吧，别王婆卖瓜自卖自夸了。那么任性还优点呢？""老婆，你看啊！徐然喜欢拆玩具，那不是在研究玩具的构成吗？他喜欢做大人不允许的事，那是他有着强烈的好奇心，而且敢于冒险。"孙慧想想，觉得有道理，老公又接着说，"好奇心可是个好东西，就因为人类有着强大的好奇心，才会有那么多的科学发现。那些考古学家，不就是凭着好奇心和缜密的思考与研究，从古文物中发现过去人们的生活吗？我的办法就是依据咱儿子的心理特点，培养出一个未来的科学家。"孙慧说："那是长远目标，近期目标就是希望能把儿子任性的毛病改掉。""不，老婆，你又错了。从现在开始，孩子的一切行为都不是任性，他是在研究科技，而关键是我们的引导，你懂吗？”孙慧摇头，老公说：“看我的，你好好学着。”

这时，徐然趁大人不注意，偷偷翻出一个大纸箱子，正在那儿翻来翻去。孙慧刚要制止，老公摆摆手示意看他的。

老公走到徐然身边，蹲下说：“徐然，找啥呢？”徐然没说话，继续翻。老公说：“儿子，爸爸给你变个魔术，像刘谦那样的。好，下面就是见证奇迹的时刻，变！”老公从兜里翻出一套小的工具组合，螺丝刀各不相同，像套娃一样从小到大套在一起，特别可爱。徐然拿在手里喜欢得不得了。“儿子，爸爸见你喜欢拆玩具，都把手指弄坏了，以后用这些工具把那些坏玩具都修好，怎么样。”“能修好吗？”徐然不相信。“能不能，试了才知道。你拆都拆了，修不好拉倒呗。”老公轻描淡写地说。徐然受到鼓励，拿着小工具跑到妈妈跟前问：“妈妈，我可以修玩具吗？”原来这小子知道妈妈不喜欢他做什么啊！孙慧满脸笑容地鼓励徐然，说：“当然可以，我们家的小工程师。”

以后，徐然的名字就叫“小工程师”。他拿着那套工具，在他的玩具箱子里，一会儿拧拧这儿，一会儿砸砸那儿，虽然有很多玩具都被他修得越来越坏，可是爸爸、妈妈仍旧鼓励他。

更为神奇的是，徐然再也不逆反妈妈了，有什么事都要先问妈妈可不可以。有一次，妈妈的炒菜锅把的螺丝松了，徐然拿过来，用螺丝刀将其拧得紧紧的。妈妈激动极了，搂着徐然，说：“儿子，你太棒了。”徐然自豪地说：“我是工程师，这点小事不算什么。”

虽然，现在徐然才十几岁，可是在父母的教育下，说不准就是未来的大工程师，是不是呢？

3. 利用孩子的好胜心理，巧用激将法让他们克服任性

家长在帮助孩子克服任性行为的过程中，更多的时候是起监督

和引导的作用，在孩子渐渐脱离父母的视线，独立走向社会后，父母就不可能还在孩子身边不断提醒他们什么事该做，什么事不该做，因此，判断是非、克服任性行为需要孩子自己的毅力、心理自控能力、情绪调节能力等。

因此，家长除了用各种手段来帮助孩子纠正任性习惯外，还要注意培养孩子的心理自控能力。

依据孩子好胜心和自尊心比较强的心理特点，在孩子任性、不能控制情绪时，我们可以利用孩子不喜欢别人说他不行，或是说他比别人差的心理特点，采用激将的方法，让孩子克制自己的任性行为，从而达到让孩子学会管理自己情绪的目的。

运动场地，各种健身器材被大人、小孩子占用着，小风来得晚，他最喜欢玩的秋千被别人占用了。小风着急等在秋千旁排队，可是秋千上的小朋友并没有让位的意思，玩得又叫又唱的，羡慕得小风直瞪眼。

小风见秋千上的小朋友不让他，就去求妈妈。他以为，妈妈会出面帮着"夺"下秋千，可妈妈也不好意思啊！她说："秋千是公共物品，谁玩都可以，我可没有权力让别人下来。你去玩别的吧！"小风哪会同意啊，他只喜欢玩秋千。他摇着妈妈的胳膊说："求求你了，我要玩秋千。"妈妈不搭理他，小风就哇哇地大哭起来。可秋千上的小朋友还是没有下来的意思，妈妈也很无奈，要拉小风离开这里，小风任性地站在秋千旁边就是不走。

妈妈有了主意，说："小风，你知道为什么这么多小朋友喜欢玩秋千吗？那是因为它太简单了。你看那边那台用脚踩着可以滚动的器材就很少有人玩，因为那个玩起来很困难，胆小的孩子根本不敢去。"小风的斗志被妈妈调动起来，他说："妈妈，我敢。"说着就朝那里跑过去，妈妈在一旁松了口气。小风跳上铁滚，用力地蹬着，还大叫："妈妈，特别好玩。"

而刚才在玩秋千的小朋友听了小风妈的话，也跳下秋千去玩铁滚,两个小朋友一边一个,像在比赛似的使劲蹬着。小风妈笑着想:这俩孩子好胜心都挺强啊!

但是小风妈妈突然担心这样做怕孩子有攀比心,就走过去,说:“你们两个都很有力量,不用比赛,锻炼身体就行。如果累了,你们俩一起玩别的啊!”另一个小男孩说:“咱俩去玩踏步机呀!”小风跳下来,跟着跑过去,刚才还敌对、互相较劲的孩子转眼间就成了朋友,妈妈欣慰地笑了。

这位小风妈是个懂得儿童心理并且很聪明的人。她见小风执意要玩秋千,只好用激将法让小风去尝试其他的器材。这样解决了小风的任性,同时小风妈又让两个孩子成了朋友,也提高了孩子的交往能力。

因此,在恰当的时候运用激将法也是利用任性激发起孩子的好胜心,以孩子常认为的“我偏会”“我偏要”的心理状态克制自己当前的任性。而且在孩子心中,也很容易接受他人的建议,控制自己钻牛角尖的任性心理。对稍大一点的孩子,家长还可以这样说:“看吧,不只是秋千才有乐趣的,还有很多好玩的东西,我们不要总是盯着一件事。”因为孩子从专注一件事中跳出来后,发现原来还有更广阔的天空,这样也会培养孩子把目光放长远的能力。

其实,利用激将法也是让孩子转移注意力方法的延伸。有时候,你为了让孩子转移注意力,使用激将法得到结果会比较快,而且更有效率。

当然,用激将法也要适度,不能污辱孩子,否则会让孩子产生焦虑,那就得不偿失了,所以,教育孩子就是在和孩子“斗智斗勇”,聪明的父母要掌握各种方法,才会使教育手段和目的相得益彰。

身边的故事 6-3

看着宏伟长大的人都没想到他能这么有出息,大学毕业没几年就成为一家跨国公司中国区的总经理。

宏伟的邻居一提起小时候的他，没有一个不撇嘴的。用老张头的话是："那孩子的脾气，上房点火的事都能做出来。"

那年，小宏伟才3岁，去老张头家玩。老张头养了一盆富贵竹，小宏伟非要掰下一节玩。小宏伟的爸爸不同意，他就在老张家的地板上打滚，老张没办法，只好掰下一节给宏伟。结果，没几天那盆富贵竹就死了。老张心疼了好几天，也不敢轻易让宏伟去他家玩了。

而另一位邻居刘老太则说："小宏伟是有点任性，但是他很聪明，也很善良。有一次，他好像七八岁，我在楼下晒被子抬不动了，别的孩子都跑了，只有他来帮助我，还想办法把被子搭在栏杆上。"

看来小宏伟小时候一定有很多的故事，宏伟妈妈说："宏伟小时候很让我操心，我以为这孩子不会有什么出息了，他能有今天多亏他小学班主任刘老师。"接着，宏伟妈妈就给我们讲了宏伟转变的过程。

都说"3岁看到老"，宏伟小时候太任性、太调皮，让爸爸妈妈不省心。他性格倔强，不让他撕书，他非要偷偷摸摸把书撕掉才罢休。对他的任性和淘气，爸爸妈妈没少打他，却没有收到一点成效，反倒让这孩子越来越嚣张了。爸爸妈妈很担心，现在都管不了他，长大了不就更不听话了吗？现在六年级的男孩就抽烟、打架、谈恋爱，要是宏伟也那样，可让爸爸妈妈怎么办啊？

就这样，在爸爸妈妈的担忧中，小宏伟上学了。上学后的宏伟更让大人费心，第一天语文书掉到了水盆里，还没记住老师留了哪些作业。妈妈看着他无所谓的样子，偷偷地抹眼泪，不知道该拿孩子怎么办。

期中考试，小宏伟语文、数学都还行，得了90分。班主任刘老师进行家访，妈妈看着成绩单又流下了泪。刘老师奇怪地问她为什么哭？妈妈就把小宏伟从小到大的一些事说了。刘老师耐心地说："宏伟妈妈，你不用伤心，我发现宏伟特别聪明。他虽然有点任性，但是他倔强的性格恰恰让他能够克服困难，勇敢向前。我曾经也教过这样的孩子，其中有一个办法对他们最管用，那就是激将法。""激将法？

用话刺激他?”妈妈疑惑地问。“不,不是伤孩子的自尊,而是利用孩子的任性。他们习惯于‘我一定要怎样’吧,那我们就按照反方向说他们做不到。那以他的思路就会倔强地让自己一定要做到。你可以试一试。”妈妈听后,思忖良久。刘老师又说:“宏伟妈妈,你一定要对孩子有信心。小宏伟的优点非常多,聪明、善良、组织能力和办事能力都很强。我们只要改掉他我行我素、任性的毛病就行了。”妈妈用力地点点头。

在刘老师的指引下,妈妈和爸爸对小宏伟实施起了有目的的激将。

晚上,还没吃完饭,小宏伟就嚷嚷着要看喜欢的动画片。爸爸妈妈不动声色地交换了眼色,爸爸说:“我小时候家里没有电视,也没有动画片看。”“那多没意思啊!”小宏伟说。“可是我们游戏很多呀!跳皮筋、打沙包……锻炼身体的跑跳能力比坐着看电视,一动不动有趣多了。”妈妈甜蜜地回忆着。这时,爸爸像是突然想起了什么似的,说:“五号楼的小明和小东前段时间,分别取得了市小学生轮滑比赛第一、国际象棋第二呢!他们都是利用睡觉前的空当时间练习的。要是举行一次看电视时间比赛,咱家宏伟一定得第一吧!可惜,看电视时间的比赛也没什么意义呀!呵呵……”爸爸似是不屑地干笑着。小宏伟听见爸妈很羡慕别家孩子的样子,心里的不服劲上来了,他说:“从今天开始,我也不看电视了,我也要练习,参加比赛,拿第一。”妈妈说:“动画片关键时刻都不看了,我才不信呢?我看你先别想着学习,还是先把看电视的瘾戒掉吧!”“妈妈,你不相信我吗?我王宏伟是男子汉大丈夫,说到做到。”

爸爸趁热打铁说:“好,宏伟最棒,可是你敢跟我打赌,保证两个星期不看电视吗?”“敢啊!如果你输了,要带我去游乐场。”“好。一言为定。”小宏伟果然倔强,为了在打赌上赢爸爸,整整坚持了两周没看电视。爸爸愿赌服输,休息日带宏伟去了游乐场。

看电视就是一种习惯,小宏伟在这两周里不看电视玩得也挺有趣，自此整天看电视的毛病改掉了。

在小宏伟的学习上爸爸妈妈也常常用激将法鼓励孩子。有时候，妈妈说："刘老师给我打电话说这几天的功课特别难，有许多小朋友都跟不上了，你怎么样？用不用找老师辅导一下。"小宏伟不屑一顾地说："不用，我保证给您考个95分。"结果，那次考试他得了96分。

……

在小宏伟成长的道路上发生了太多的事，但都被爸爸妈妈用正确的方法引上了光明之路，这也是小宏伟能成功的必然之路。而他的爸爸妈妈的教育手段也正是值得我们学习和借鉴的，我相信，所有的孩子都会成功的。

4. 适当让孩子感受"任性"的结果，培养他们敢于承担责任的意识

其实，任性不只是孩子的专利，大人偶尔也会有任性。不同的是多数成年人有自控能力，能看清楚任性行为的后果，在他人的劝说下，能够自觉地停止任性。而孩子就不同了，有些事，即使你跟他们讲了多少次任性的后果，可他们还是不相信，还是固执地去做。那么，这个时候，你就可以让孩子适当感受一下任性的结果。这结果或许是痛苦的，或许是恐怖的，但是至少让孩子亲自体验，才能够让他们彻底改变任性的想法。

女儿4岁半的冬天，在我整理衣柜时，她也在旁边玩。当我收拾夏天的衣服时，女儿瞬间被夏天的漂亮花裙子吸引住了，她套在身上在客厅跳舞，高兴极了。

过了一会儿，爸爸要出去买东西，女儿也要跟着去。我说："那就赶快换下裙子，穿上厚衣服吧！"可女儿却说："不，我要穿裙子和凉鞋

出去。”“什么?”老公吓一大跳,“姑娘,外面寒风凛冽,你这也太‘美丽冻人’了。”我也说:“是啊,坚决不行,这是夏天的衣服,什么季节就穿什么衣服呀!”女儿站在门口,就是不换衣服,还拉着爸爸的手不让他下楼。

我们就这样僵持着,我非常生气,说:“行,你就这样穿出去吧!看会怎样。”老公试探地看看我,我说:“没事,让她冻感冒自己难受。”老公把门打开,门外的风呼地吹进来,女儿穿着凉鞋,光着脚丫,站在走廊不动弹,老公说:“走啊,楼下有雪,光脚感受一下冰凉的感觉。”

我们已经看出女儿的悔意,但是我还是把门关上。女儿只下了一个台阶就说:“爸爸,我不去了。”女儿敲门,说:“妈妈,开门。”我打开门问:“为什么不去了?”她说:“太冷。”我说:“是吧!什么季节穿什么衣服,冬天就要穿厚衣服。”

女儿经过这次的真切体验,在她任性后,我们给她解释不可以的原因时,她不再表现出抗拒,而是非常相信我们的话。

在这次的教子过程中,我还总结出,适当让孩子感受任性的苦果,不光让孩子心服口服,而且在他后悔所做的事后,我还要继续说:“不听人劝阻,就会自食其果。”女儿不懂自食其果的意思,我解释说:“就是你自己会挨冻,我们并不冷。”

以后,我经常会用这样的方法。比如孩子非要在卫生间玩水,结果却把爸爸已经快干的衣服弄脏了,女儿让我快给爸爸洗洗,我说:“我说过不让你在卫生间玩,可是你不听,现在犯错了要自己解决。”女儿没办法,只好把爸爸的T恤放在水里冲,然后让我帮着挂上。晚上,爸爸回来发现衣服未干,就奇怪地问:“怎么没干呢?不可能啊?”我指指女儿,说:“问她。”女儿才吞吞吐吐地说了原因。爸爸说:“那明天我只能穿别的衣服了。”在这件事中,女儿做错事后,我没有帮助她掩盖错误,而是让她自己去和爸爸解释,这就锻炼了孩子承担后果的勇气,并且让她对任性犯下的错印象深刻。

我觉得，在孩子成长的道路中，不可能事事都会有人提点，不走弯路，也不可避免地会因一时的任性而犯错。而重要的是，他们犯错后能够勇敢承担责任并迅速地解决所犯的错，这才是对孩子有意义的教育。

当然，我提出的这个方法同样也需要家长注意如下一些问题。

首先是这个方法比较适合大一点的孩子，而且是任性的结果没有危险性，对教育孩子有一定切身意义的任性，家长才能同意孩子去做。

其次，孩子感受过任性的结果后，家长的引导最为重要，要让孩子从任性的结果中明白家长不同意的原因。

最后，家长要注意尺度的把握。我们允许孩子感受任性的结果，并不是纵容孩子的任性。因此，要跟孩子说明白，同意你的不合理要求，是让你尝尝这样做的苦果，对于不可能同意的事还是要坚决制止的。

身边的故事 6-4

别看小章在家任性霸道像个小皇帝，可这孩子特别胆小。

小章都 10 岁了，自己不敢在楼下玩，不敢爬单杠，不敢玩滑板车，还不敢与其他小朋友交往……总之事事都表现得特别不自信。妈妈总是抱怨说："小章在家是英雄，在外是狗熊。"可妈妈越是这样恨铁不成钢，小章越胆小，家里外面两个样，让小章妈不知如何教育是好。

昨天，小章妈去接小章放学。远远地小章妈就看到小章提了两个书包。妈妈走到跟前，刚要问谁的书包，旁边一个男生迅速抢走小章左手上的书包跑开了。妈妈问："为什么给他拿书包？"小章却不耐烦地说："他让我帮着提。你快帮我拿书包啊，累死我了。""你怎么不敢把这话跟那个男生说呢？就知道跟我来劲。"妈妈接过书包生气地说。

又有一次,还是在学校里,小章在卫生间里洗拖布,不小心用拖布把打碎了卫生间门上的玻璃。小章吓坏了,见没人看到就偷偷溜回教室,什么也没说,继续上课。过了三节课,大队辅导员找到小章问情况,小章还狡辩不承认。辅导员说:“我们也是查看了监控视频才找到你的。因为发现玻璃碎前只有你使用过卫生间。”这时候,小章才哇哇大哭起来。

妈妈被叫到学校,老师和她谈起了小章。老师说:“今天发生的事可以看出小章是个不敢承担责任的人。当然小孩子因为害怕这样做也可以理解。但是我发现小章这孩子很怕困难,他似乎总在逃避。比如说,他不和小朋友玩。”

老师指出小章的毛病,小章妈心里最清楚,可是她不知道小章为什么这样。

小章妈妈也很痛苦地说:“老师,小章在家特别任性,可是他在外面却不自信。他不跟小朋友们玩,因为小朋友们不听他的。不敢做事,怕做错。遇到点困难就退缩。你说怎么办呢?”

老师想了想说:“这都是任性毛病给害的。他以自我为中心,交友一定会遇到障碍,所以导致他不自信。而他做错事不敢承担责任,也是因为你们总是阻止他的任性行为,他担心被批评,害怕失败。我觉得适当的时候,你可以让他任性一回,这样他可以尝尝任性的后果,以后才会改正。”

妈妈同意试一试这个方法。

妈妈和小章从学校出来,妈妈并没有批评小章。小章也知道犯错了,他自己背着书包。走到一处堆着装修用的木头前,小章非要上去走两圈。若是以前,妈妈一定会阻止,因为走在上面很危险,木堆容易滑落下来,如果小章坚持要走,妈妈就会扶着小章,让他不出危险。可是今天老师说要让小章感受一下任性的结果,妈妈就一狠心说:“你去吧,但是木头堆很容易塌方,你小心点吧!”

小章根本不知道塌方是什么意思,他的脚刚踏上木头堆,木堆一下子就散开了,小章的脚被木头砸到了。小章很疼,他哭着说:"这个不好玩,以后再也不玩了。"

砸一下就不再玩了,不让小章任性就这么简单吗?妈妈对付小章的任性从来没这么轻松过。

尝到甜头的小章妈,对小章的任性改变了一贯的方法——先严再松,有些事就让小章大胆去尝试。在小章体会到想要做的事情的后果后,他好像变得懂事了,做事情也会考虑清楚,而且对妈妈的建议也能够听进去了。

而小章更大的改变就是他勇于承担后果了,因为,有些事情是他自己选择去做的,不论什么样的结果他都体验过了,就像那次木头砸了他的脚,他再抱怨也是自己的脚疼,别人根本感觉不到疼。

现在的小章还是会提出一些不合理的要求,但是他的胆子大了很多,也交到了很多朋友。小章妈知道,纠正孩子的性格缺陷还要继续努力,任重而道远啊!

5. 如何把孩子的"任性"转为"韧性"

在整本书中,我们一直在批判孩子的任性行为,但是我们不得不承认,在人生的奋斗历程中,"任性""一根筋"的精神同样可以成为人战胜困难、勇敢直前的力量,像爱因斯坦、居里夫人等许多科学家,就是有着执著的精神,才让他们走向成功。因此,孩子的某些时候的任性想法也是需要的。

比如说,在给孩子讲故事时,他都要求家长从书的第一页讲起,而且一定要讲完整本书,里面的字一个也不能跳过。

女儿画画时,总是把颜色涂得密密麻麻的,我告诉她可以大致地涂,不用这么费事。可是女儿不听我的,执著地按照她的想法去涂,特别认真。

以上举的两个例子,正是孩子学习态度需要的认真,是我们需要的韧性呀！但我们要分清“任性”和“韧性”的界限。我们不可能要求孩子无论什么情况都要绝对服从家长的支配,这样孩子没了“任性”,也没了“韧性”,还可能会扼杀孩子的个性,让孩子成为一个唯唯诺诺、没有主见、事事都听从他人意愿的人。

而重点是家长就要把“任性”行为加以正确引导,转化为在压力的威胁下依然能够顽强持久、坚忍不拔、战胜挫折的“韧性”品质,让孩子成为一个自信的人。那关键就是怎样才能把孩子的“任性”升华为“韧性”。下面总结了两点,可供家长们借鉴。

第一,从心理学角度来说,孩子对某些事情任性的情绪就是孩子很想接触更多新事物的心理需求。我们可以反向思维对他们进行教育。

小玲玲是个任性的孩子,妈妈不让她动水盘,她偏要动,妈妈不让她去小河边玩,她也偏要去,好像她专门就喜欢和妈妈作对似的。妈妈整天喊,不许这样,不许那样,根本收不到任何成效。有一天,玲玲非要玩装垃圾的塑料桶,妈妈温柔地说:“玲玲,妈妈喜欢的是爱干净、漂亮的女孩,垃圾桶多脏啊!”孩子都希望做妈妈喜欢的孩子,妈妈喜欢爱干净的孩子,玲玲就要成为那样的孩子,这样的心理过程让玲玲的好奇心和固执心理增强,她就会努力去做妈妈喜欢的孩子了。

第二,转移孩子的任性行为,培养他们的“韧性”。

晚上,小亦要喝酸奶,家里有爽歪歪牌子的,可她非要喝娃哈哈牌子的。妈妈不想让孩子养成铺张浪费的习惯,就说:“那你把爽歪歪奶给我拿来,我们喝光了再去买。酸奶放在冰箱的保鲜层里,你要自己拿出来。”小亦来到厨房,她的高度还不及冰箱冷冻层的门,她为了拿到奶,然后喝光再买新的,就要动脑想办法。小亦的办法是搬来凳子,可是塑料凳子都叠放在一起,她力气不够,不能把它们分开。小亦就费了很大的劲把那叠在一起的凳子推到冰箱前,然后又小心地爬上凳子，打开冰箱门，取出了酸奶。这一过程让第一次做这些的小亦很辛苦，累得心怦怦跳，但是她很高兴。妈妈打开奶瓶说："小亦真厉害，会想办法取到东西，来奖励你一瓶奶。"小亦接过奶，大口喝起来。也许，她已经忘记了当初不喝这个牌子的事了。但是妈妈却没忘记，她们喝光了3瓶奶后，妈妈说："走，咱们下去买娃哈哈牌子的去，奖励小亦自己动脑，战胜困难，完成任务。"在这个事例中，小亦的妈妈就是把孩子的任性，利用转移法给转换成了"韧性"的训练。在小亦完成任务的过程中，她不达目的不罢休、不放弃的精神，必定会给她提供处理困难的经验，而这些都是小亦人生中最大的财富。

身边的故事6-5

李子木和葛飞同时休年假，两人结伴带着各自的儿子去郊外的龙源山庄度假。

度假村景色宜人，空气清新，让人心旷神怡。

可大煞风景的却是他们的孩子，两个男孩一个6岁、一个7岁。俗话说：七八岁，狗都嫌，意思是说这个年龄的孩子不老实，总是会惹一大堆麻烦，让人烦恼。

这不。两个孩子看到度假村的空地上，有两个老人在玩象棋。他们也很感兴趣，围在旁边观看。老人挺热心，也挺有耐心，看两个孩子好奇，就给他俩简单地讲了象棋的玩法。这一讲可倒好，两个孩子说什么也要自己下盘棋。可两个老人正玩得来劲，没打算把棋子借出去。

两个孩子只得回来找爸爸，巧的是，这个度假村没有象棋，那是老人自己带来的。这可为难了两位爸爸。

葛飞无奈地说："没办法，明天回家买来再玩吧！""不行，我就要现在玩。你去向老爷爷借。"葛飞儿子大叫。"那可不行，多没礼貌，你又开始任性了，我下次说啥也不带你出来了。"儿子一听哇哇大哭起来，说："要带我出来，要带我出来。"葛飞连忙哄他。李子木说：

“象棋的事你扯那么远干啥？弄哭了吧！”李子木的儿子见同伴用哭来吓唬人，他也跟爸爸说：“我也要玩象棋。”李子木心想：这两头犟牛还来劲了呢？他灵机一动有了主意。

“孩子们都别哭了，我有个好办法。你们敢不敢去做？”“敢！”孩子们立刻瞪大眼睛举手说。李子木继续说：“我们去对面的山上捡小石子，然后我们把小石子涂上颜料。儿子你不是带了水彩笔吗？我们把小石子当跳棋玩，怎么样？”“太好了，太好了。出发吧！”两个孩子兴奋得直蹦。

葛飞悄悄拽拽李子木的衣服说：“山那么高，爬上去得累坏了。能行吗？”李子木摇摇头，又对孩子们说：“山很高，台阶也很陡，你们敢上去吗？如果害怕累，咱就不去了。”“不怕，我们能行。”李子木冲葛飞眨眨眼，说：“走吧！”

葛飞只好跟着他们去。爬山时，孩子们感觉到很累，可还是坚持着勇敢往上爬。葛飞从来没见儿子做事这么有毅力过。

爬到山顶，一览众山小，心情很舒畅。孩子们也特别有成就感，这是他们爬过最高的一座山。葛飞突然明白了李子木的用意，他这是把孩子的“任性”转变为了“韧性”。孩子们在爬山的过程中，克服了很多困难，突破了自我，这一次度假真的没白来啊！

教学后记

在这六堂课中，我用理论说明加小故事的模式给家长们介绍了关于孩子任性的相关问题。过度任性不可小觑，而若要彻底排除这一性格隐患，在这里我还要给家长重点说明几点。

关键点：重视。家长要从思想上重视孩子过度任性的性格坏习惯，从孩子平时生活中的一点一滴的小事抓起，不错过每一个纠正孩子过度任性行为的机会。这个过程要求家长不能有一丝一毫的松懈、懒惰，或是心慈手软，你的放松对孩子来说就是放纵他的过度任性行为。“冰冻三尺，非一日之寒”，我们不能让孩子因为过度任性而发生了不可逆转的悲剧后，再悔之不已。

实施重点：因人而异。在这六堂课所举的事例中的方法是抛砖引玉，并不需要全部拿来主义，家长要根据自己孩子的性格特点灵活使用。而改变过度任性的性格也不是家长们重视、管束后就会立竿见影、水到渠成的，这需要时间让孩子慢慢改变，切不可操之过急。

过程难点：耐心。我认为，耐心是每个家长教育出好孩子的先决条件，而耐心也正是很多家长最缺少的一项能力。虽然家长们也很清楚这一点的重要性，可是面对出现问题的孩子，恨铁不成钢的气恼，怎么能压得住呢？是的！作为孩子妈妈的我，能够理解这种情感，但是压不住也得压，忍不住也得忍，你的气恼在孩子看来就像魔鬼一样恐怖，虽然你的出发点是纠正孩子的错误行为，但却有可能因此将孩子的心赶走了。

培养你的耐心，给孩子时间，同时也让自己舒心。

以上三点是家长能够灵活运用各种方法，改正孩子过度任性性格缺陷的前提条件。如果家长不够重视或是耐心不够，只会适得其反，事倍功半。

最后，书中的小故事人物全部为虚构，切勿对号入座。

2012 年 5 月